了不起的

头脑体操

环球旅行

〔日〕多湖辉 著 〔日〕水野良太郎 绘 安伊文 译

人民文学出版社
PEOPLE'S LITERATURE PUBLISHING HOUSE

著作权合同登记：图字 01-2022-5002 号

ATAMA NO TAISOU DAI 3 SHUU
SEKAI ISSHUU RYOKOU WO PUZZLE DE YAROU

图书在版编目（CIP）数据

环球旅行 / (日) 多湖辉著 ; (日) 水野良太郎绘 ; 安伊文译. -- 北京 : 人民文学出版社, 2023
（了不起的头脑体操）
ISBN 978-7-02-017628-1

Ⅰ. ①环… Ⅱ. ①多… ②水… ③安… Ⅲ. ①儿童故事－图画故事－日本－现代 Ⅳ. ①I313.85

中国版本图书馆CIP数据核字(2022)第224277号

责任编辑 卜艳冰 贾芳凝
装帧设计 汪佳诗

出版发行 人民文学出版社
社　　址 北京市朝内大街166号
邮政编码 100705

印　　制 山东临沂新华印刷物流集团有限责任公司
经　　销 全国新华书店等

字　　数 88千字
开　　本 787毫米×1092毫米 1/32
印　　张 6.625
版　　次 2023年1月北京第1版
印　　次 2023年1月第1次印刷

书　　号 978-7-02-017628-1
定　　价 39.00元

前　言

《了不起的头脑体操：环球旅行》终于和大家见面了。

说实话，在写《来锻炼脑筋吧》的时候，我没有想过还会有《汽车加速赛》。而在写作《汽车加速赛》的时候，同样，没有想到会有本册。

在每一册中，我都投入了全部的精力，全力以赴地完成创作。可能正因为如此，“了不起的头脑体操”意外地畅销，在全国各地掀起了空前的热潮。

走到这里，我和读者之间的关系越来越密切。面对一百万、两百万，甚至更多的“了不起的头脑体操”的读者，我第一次感觉到必须挑战更多的智力题，方才不辜负读者的厚爱。

这也是我自己作为执笔者的希望。

作为作者来说，我当然希望每一次都能将更好的作品呈现在读者面前。正因如此，当我决定写作本册时，便希望无论是在形式上还是内容上，都要有比较大的变化。

这便是此次登场的《了不起的头脑体操：环球旅行》的创意来源。说起来，世界各国的名胜古迹、地理风俗，很多都可作为智力题出题的素材。并且，各国流传下来的民间传说中也有很多谜题，被收录进了智者、贤者的故事中。

如果说之前的题目让各位读者伤透了脑筋的话，这一次尽可以放松一些，在乐趣中锻炼我们的脑力。

通过本书可以享受三重乐趣。

第一，解开智力题的乐趣。第二，通过这些智力题，了解到各国风土人情的乐趣。第三，自己发现新问题的乐趣。

事实上，已经看完前两册的你，应该已经不满足于仅仅解决问题，而是具备了积极发现新问题、创造新问题的能力。

此外，本书中用“作业”和“预习”取代了之前的“启示”。

“作业”本来是为没能完成的读者设置的“惩罚”，但对于能解出题的人来说，也是很有意思的。同时，其中还融入了一些启发读者自己创造新问题的线索。从这个意义上来说，本册的问题数量是翻了一倍的。“作业”的答案在本书最后汇总。

有一点需要特别说明。本书中智力题运用的素材，有些是事实，有些是为了出题的需要，在事实的基础上作了改变。比如马德里的问题中，当地的道路情况的确非常复杂，但是如题目中所述的道路是否存在，就不得而知了。

此外，有一些对各地风土人情的描写，由于我并不是每个地方都亲身到过，因此借助了他人的力量，虽然尽可能忠实于当地的实情，但如有与事实不符之处，也敬请谅解。

最后，在本书写作及出版过程中提供大力协助的日本广播协会制片人菊池综一先生、只野哲先生等人，以及这套书出版以来一直对我给予鼓励、支持的各位读者，在此表示衷心的感谢！

多湖辉

目　录

第1日 东京（日本）

终于要出发了！我们将乘坐道格拉斯DC－8型客机，从东京国际机场开始我们的环球之旅。

说是环球之旅，但是究竟从世界的哪里到哪里环绕一周可以称得上是“环球”呢？这并没有明确的概念。假设以横穿地球上所有经线和纬线为标准定义环球一周，那环球一周最短的距离是多少千米？

假设地球是个真正的球体，其周长为四万千米。

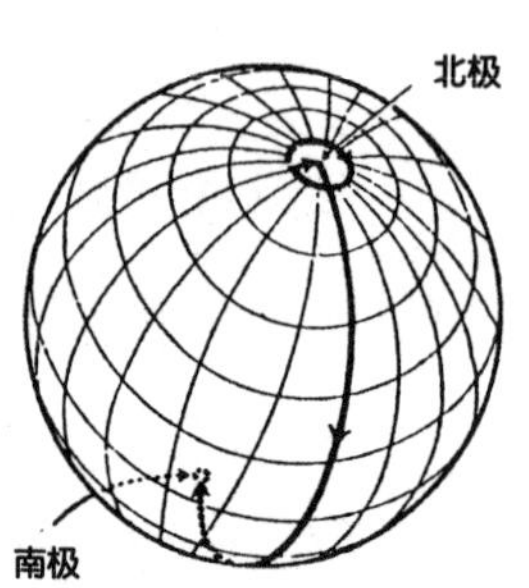

两万千米多几米。因为，极点是所有经线的交点，稍离开极点几步，围绕极点转一圈，就横穿了所有的经线。然后，从一个极点出发，沿一条经线移动到另一个极点，就能横穿所有纬线。从北极到南极的距离为地球周长的一半，即两万千米。因此，两万千米多几米便可以“环球”一周。

▸ **回答错误者→作业**

加强培养地球视野、宇宙视野的训练。例如：如何才能做出一个和实物一样大小的地球仪？

▸ **回答正确者→预习**

下一站：香港。自由贸易港的东西会比其他地方便宜，因此这里是观光客的乐园。

第2日 香港（中国）

在某家特产店中，带相机包的照相机定价 310 港币。照相机比相机包贵 300 港币，余下的是相机包的价格。如果用 100 港币单独购买一个相机包，应该得到多少找零?

如果你认为相机包是 10 港币，应该找回 90 港币的话，那你就错啦！因为照相机比相机包贵 300 港币，如果相机包是 10 港币的话，那总计就该是 320 港币了。正解是，相机包为 5 港币，找零应该为 95 港币。也就是说，照相机的价格是 305 港币，这样加起来正好是 310 港币。

▸ 回答错误者→作业

对数字不敏感的人当然会答错。从“1”到“100”的 100 个数字中出现了多少个“9”？思考后，再把这 100 个数字写下来，数数看。

▸ 回答正确者→预习

下一站：新加坡。覆盖有热带雨林的马来半岛也是动物的乐园，这里的老虎、大象、蟒蛇等动物被送到各国的动物园中。

第3日 新加坡

马来半岛的气候为典型的热带雨林气候，在岛屿腹地栖息着一种体长近十米的蟒蛇。如图所示，这种蛇将身体围成一个圆圈时，身体内侧的任何一个部分到圆圈的中心距离相等。

那么，当这条蛇的身体盘成曲线时，这条曲线上所有的点有没有可能距离某一点的距离相等？蛇身的粗细可忽略不计。

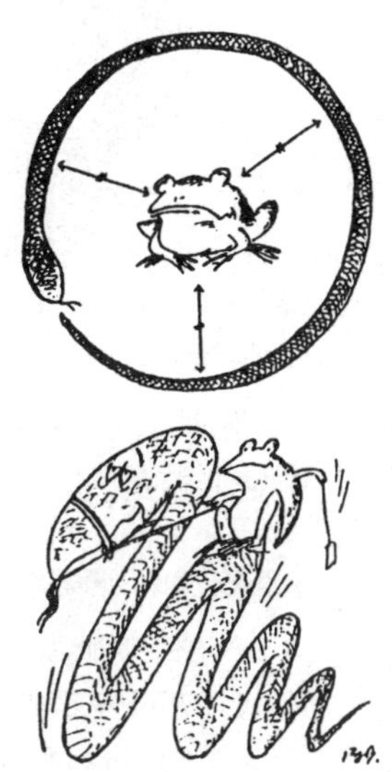

可能，当曲线缠绕在球体上时。也就是说，当这条蛇盘在球形的筐或石头上时，它身上所有的点到球体中心的距离都是相等的。

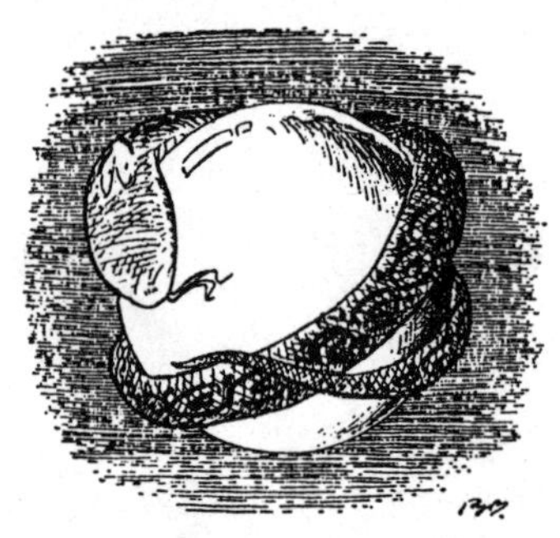

▸回答错误者→作业

不在同一平面上的四个点，有没有可能到某一个平面的距离是相等的?

▸回答正确者→预习

下一站：雅加达。这是一座曾经具有荷兰风情的城市，随着近年来不断兴起的城市建设，城市昔日的风貌正在逐渐消失。但是，小孩子们热衷的猜拳游戏从古至今没有改变。

第4日 雅加达（印度尼西亚）

印度尼西亚的猜拳游戏和日本的相似，分别用食指、小指和大拇指来表示“人”“蚁”“象”。“人”胜“蚁”，“蚁”胜“象”，“象”胜“人”。当然，两个人出拳相同的时候，算作平局，所以也会有分不出胜负的时候。有一个人提出，要一局定胜负，出拳只出“人”和“蚁”两种。平局的情况下，“人”对“人”时此人胜，“蚁”对“蚁”时对手胜。“这样，又公平，又能一局分出胜负。”他说。

如果你和这个人猜拳，五局当中，能胜几局？

你在五局中，可能一局都胜不了。这个人的提议看似公平，其实完全偏向对自己有利的情况。结合对平局的胜负约定，此人如果出“蚁”，则自己会输；但是，如果此人只出“人”，则一定赢。所以，在“人蚁”大战中，只要这个人出“人”就必胜无疑。这场较量还未开始，就已经分出了胜负。

▸ 回答错误者→作业

人比蚂蚁强大，但比大象弱小。蚂蚁比人弱小，却能击败体形巨大的大象。请再思考一组具有如此关系的事物。

▸ 回答正确者→预习

下一站：加尔各答。位于恒河河口附近，是印度的大都市。在英国殖民统治时期，这里建造了纪念馆、博物馆等许多优美的建筑，它们至今仍屹立在恒河的支流——胡格利河的岸边。

第5日 加尔各答（印度）

一条大河——恒河——流经加尔各答的近郊。在河中心，有一座全是沙砾的小岛，小岛和河岸之间架着一座古老的吊桥。

有一个男子通过吊桥来到了小岛。但是在回去的时候，才走了两三步，吊桥就发出了“咯吱咯吱”的声音，好像快要承受不住重量的样子。从吊桥回去看来是不可能的了，不巧的是，他又不会游泳。他拼命呼喊，却得不到任何回应。他在岛上待了整整二十天，想尽各种脱身的办法却无济于事。不料，第二十一天，他竟然平安地走过吊桥回来了。请问他是怎么做到的?

在全是沙砾的小岛上待二十天，这是如同断食一般的生活，最终，他瘦到了吊桥足以承受的体重。

▶ 回答错误者→作业

一个少年想要跳过宽两米的小河，试了多次均以失败告终。但是最终，他没有借助任何工具，成功达到了目的。请问他用了什么方法？

▶ 回答正确者→预习

下一站：加德满都。加德满都是具有数千年历史的神秘王国——尼泊尔的首都，街道上遍布着卖工艺品、装饰品和各种杂货的露天小店。

第 6 日 加德满都（尼泊尔）

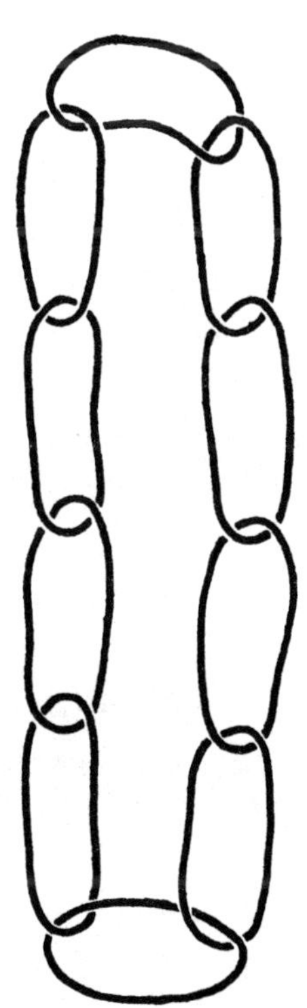

加德满都的露天小店里，售卖着如图所示的由十个环串起来的首饰。要想把所有的环都拆分开，最少需要剪断几处？

此外，由许多环串成的一种首饰，只要剪断其中的任意一个环，所有的环都能被拆分开，请问这些环是以什么方式串起来的？

如右图所示。

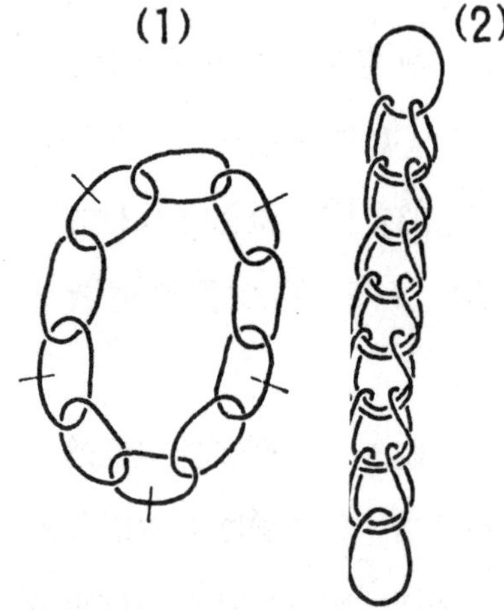

▶ 回答错误者→作业

十个环连接在一起，只要剪断其中任意一个环，所有的环都能被拆分开，请问这些环是怎么串起来的?

▶ 回答正确者→预习

下一站：新德里。让我们从尼泊尔再次回到印度。新德里是在老城德里的郊外建造起来的首都，是具有多项功能的现代都市。它的郊外有许多农场和纺织工厂。

第7日 新德里（印度）

问题

新德里郊外的农场主A，雇了两个人帮他种植小麦。哈贾在耕地方面是一把好手，但是播种对他来说是件苦差事。诺罗与他正相反，他极其厌恶耕地，但是播种很拿手。整片土地为十亩，两人各自负责一半土地，哈贾从东面开始，诺罗从西面开始。哈贾耕一亩土地需要20分钟，而诺罗则需要40分钟。不过，要说起播种，诺罗的速度是哈贾的三倍。

雇主A要根据两个人的工作量支付他们工资，两个人一共一百卢比，这两个人分别可以拿到多少钱?

各五十卢比。因为“两人各自负责一半土地”，与速度无关。两人各自完成二分之一的工作，因此工资自然也就对半分了。

▸ 回答错误者→作业

以本题中所列出的条件，哈贾和诺罗谁会早一点儿完成工作？

▸ 回答正确者→预习

下一站：卡拉奇。巴基斯坦的第一大都市，位于奔腾的印度河的入海口。这一带气候炎热，特别是靠近沙漠的地方，夏天气温超过四十摄氏度也不是什么稀奇事。

第8日 卡拉奇（巴基斯坦）

问题

我在这个极端炎热的地区旅游时，意外地发现行驶在路上的车都车窗紧闭。车内没有开空调，紧闭车窗也并非因为存在沙尘、有毒气体、恶臭等空气污染。请问这是为什么？

在气温比人体体温高的情况下，密闭窗户，会觉得没那么热。在浴缸中泡澡的时候，浴缸中的热水如果被搅动起来，人们就会觉得更热，这是同样的道理。

▸ 回答错误者→作业

像空气这样的事物产生的变化，我们是难以把握的。想象一下，如果人类居住于海底，那么刮风是什么感受？会不会下雨？还能不能溜冰？诸如此类，还有很多值得思考的问题。

▸ 回答正确者→预习

下一站：巴格达。伊拉克的首都巴格达起源于远古的美索不达米亚文明，是一座沿着底格里斯河发展起来的城市。关于这座城市最著名的，莫过于它是《一千零一夜》故事的发祥地了。

马来半岛的休息日

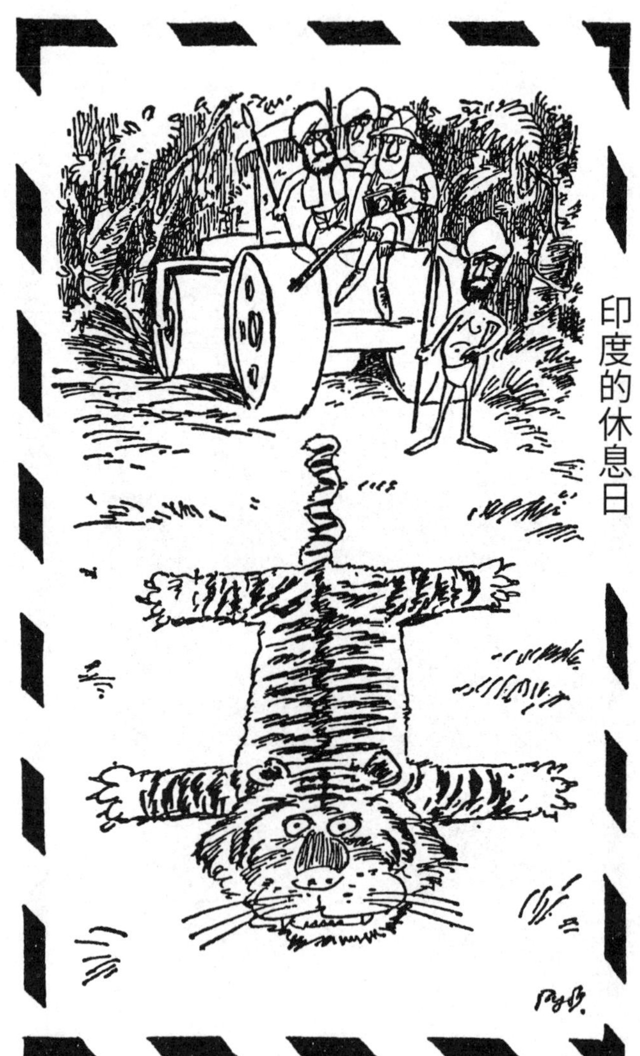

印度的休息日

第9日 巴格达（伊拉克）

《一千零一夜》的名篇《辛巴达航海记》中，辛巴达被虎头海雕掳到了它的巢中，巢中有海雕蛋。

这个情节需要用插画描绘出来。一名插画师，要用圆规画出如图所示的蛋的形状，请问他该如何做到？

如图所示，把纸的一部分缠绕在瓶子或茶叶筒的曲面上，剩余部分如常展开为平面，用圆规画圆即可。纸下可提前垫一些报纸等加厚物，便于固定圆规脚，同时，平面展开的部分也更容易画一些。

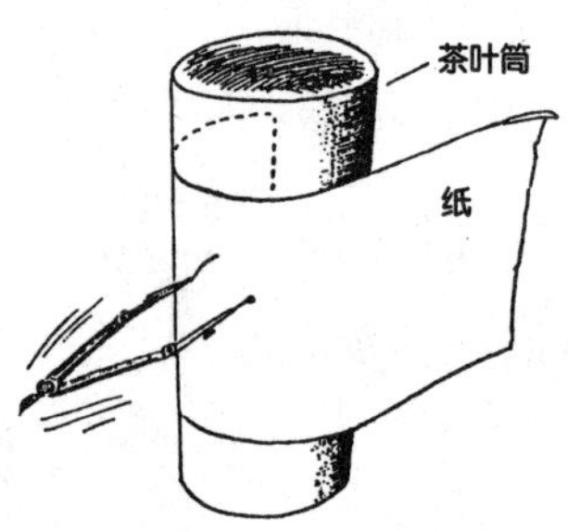

▸ 回答错误者→作业

如何使用圆规画出椭圆形?

▸ 回答正确者→预习

下一站：依然是巴格达。成功用圆规画出海雕蛋的插画师，又遇到了新的问题。

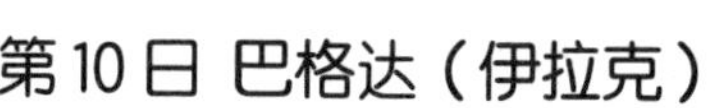

第10日 巴格达（伊拉克）

插画师这次遇到的问题，是要用圆规画出辛巴达乘船出海的海平面，而海平面是一条直线。当然，他不能用尺子。即使是圆规，也只可用圆规本来的用法。请问他该如何做？

与前一道题相同，将纸卷在圆筒形的物体外，如图所示，将圆筒底部的中心作为圆规的中心点，在圆筒侧面的纸上画圆。将纸取下铺平，便是一条直线。

▶回答错误者→作业

如何用沾满墨汁的毛笔在纸上画出一条笔直的直线？

▶回答正确者→预习

下一站：德黑兰。伊朗首都德黑兰，很久以前便是一座极具波斯风格的城市。据说它也是占星术的发源地，至今仍有为数众多的占星师居住在那里。

第11日 德黑兰（伊朗）

被城墙围绕着的城市德黑兰中，居住着一位知名的占星师。某个男子前来问卜，他准备问三件事，分别关于婚姻、工作和健康。在入口处挂着一块牌子，上书：“两个问题 2000 里亚尔”。这个男子一共带了 2500 里亚尔。他觉得很贵，于是问：“无论多简短，都算一个问题吗？”“当然。”占星师答。“无论多长，也只算一个问题吗？”他又问。“是的。”占星师答。于是，他努力思考如何提问才是最有效的。请问，他最初准备的问题，可以问几个？

他最初准备的问题一个都没有问出来。因为，他已经问了两个问题了。

▸ 回答错误者→作业

占星师给自己占卜，结果得出“自己的占卜一点儿都不准”的结论，这是什么意思?

▸ 回答正确者→预习

下一站：开罗。以具有五千年历史为傲的埃及，拥有以金字塔、狮身人面像为代表的众多暗藏古代文明的名胜古迹。

第12日 开罗（埃及）

开罗郊外的孟斐斯因金字塔而闻名。在那儿附近，有一座奇妙的金字塔。

下图是从正上方俯视的图，中央是塔顶。站在塔顶可以看到从金字塔的内部通向地道的台阶，有A、B两个方向可走，但只有一个通往真正的出口。从塔顶往下的道路被高高的围墙围住，呈螺旋状，一旦走错，便会进入死胡同。那么从塔顶往下看时，A、B两个方向中，哪一个是真正通往出口的？如何能尽快找到正确的路？

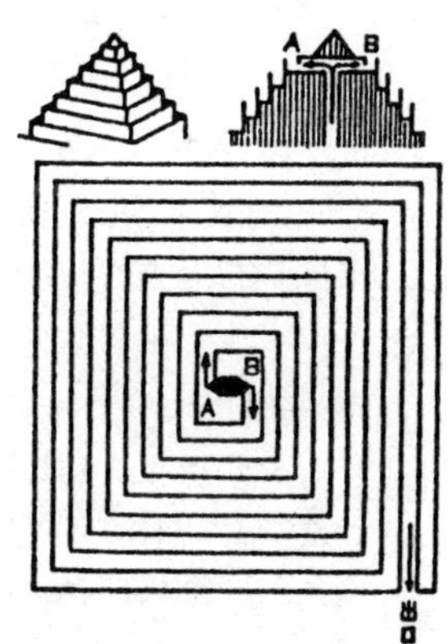

充分利用从塔顶可看到出口的有利条件。从图的下方往上数，偶数列的道路是通往出口的，因此答案是 A。

▸ 回答错误者→作业

上图被称为若尔当曲线，将一个封闭的圆弯曲成如图所示，点 A 在圆的内部还是在圆的外部?

▸ 回答正确者→预习

下一站：卡拉哈里沙漠。位于非洲南部。在卡拉哈里沙漠与热带丛林的交界处，生活着俾格米人、科伊桑人等众多原住民组成的部落。

第 13 日 卡拉哈里沙漠（非洲南部）

问题

一支探险队去探访居住在卡拉哈里沙漠周边的科伊桑人部落时，带了两块表作为礼物。但是，不知道是不是因为那里气候过热，其中的一块表每天慢一分钟，而另一块则完全停止转动了。

对任何事情都奉行严密主义的部落首领听说了这个情况，经过慎重考虑，他说：“留下那个指示正确时间更多的表。”

请问，他指的是哪块表？

完全停止转动的表。因为，就严密地指示正确时间的次数来说，完全停止转动的表要比一天慢一分钟的那只表多。一天慢一分钟的那只表，下一次能指示正确时间的时候是分针慢了 12 个小时之后，也就是说，是 720 天以后。与此相对，完全停止的那块表，至少一天之内有两次是能够指示正确时间的。

▸ 回答错误者→作业

一天晚 24 小时的表是什么样的表？一天晚 24 小时以上的表，比如，晚了 30 个小时的表，是什么表？

▸ 回答正确者→预习

下一站：撒哈拉沙漠。这是横跨了多个国家的延绵数千米的大沙漠。使用骆驼作为沙漠中的交通工具，从古至今从未改变。

第14日 撒哈拉沙漠（北非）

驼队中，通常把年老体弱的骆驼排在队伍中间，让强壮的骆驼领头或断后。但是，每一头骆驼都长得很相似，怎么区分它们呢？于是人们想出一个残酷的办法，在骆驼身上烙上“1”“2”“3”等数字。每次烙印，就会听到一头骆驼发出五分钟惨叫声。一个商队由十头骆驼组成，烙印时骆驼发出的惨叫声，至少要持续多长时间？当然，每一头骆驼发出叫声的时间是不重叠的。

45 分钟。一开始，大家都会想当然地认为骆驼的惨叫声要持续 50 分钟吧？因为“5 × 10=50”。但实际上只需要忍受 45 分钟就可以，因为当 9 头骆驼的身上被烙上数字后，剩下的那一头即使不烙上数字，也能区别于其他。所以，只在 9 头骆驼身上烙印即可。

▸ 回答错误者→作业

不做记号也是一种记号，这样的例子还有吗？比如“没有消息便是好消息”这种。

▸ 回答正确者→预习

下一站：安卡拉。位于安纳托利亚高原中部，是土耳其的首都。从奥斯曼帝国时代留存下来的遗迹以及众多的民间传说，使其成为土耳其人的“心之所在”。

第15日 安卡拉（土耳其）

问题

在土耳其的民间传说中，有一位智者，名叫阿凡提。村子里，有一个疑心非常重的男子，他不相信任何人说的话。听说了这件事的阿凡提，对这个男子说："我要骗骗你。"男子窃笑，傲慢地说："你能让我上当的话就来试试看哪！"阿凡提说："等一下，我去准备一下。"说完，转身回到自己家中。

请问，阿凡提用什么手段骗了个男子？

阿凡提回到自己的家中，就再也没有出来。即，说是要骗他，其实并没有欺骗。而那个男子，就这样被阿凡提轻而易举地骗了。

▸ 回答错误者→作业

在这种情况下，这个疑心非常重的男子应该怎么做才不被骗?

▸ 回答正确者→预习

下一站：亚拉拉特山。在土耳其和亚美尼亚的边境，有一座亚拉拉特山。这座山之所以有名，是因为它是传说中挪亚方舟的停靠地。

第16日 亚拉拉特山（土耳其）

传说中，世界最初的危机是大洪水。

即使已经进入现代社会，人类也时常面临灭绝的危机，这是一则关于世界末日的科幻故事。

地球上的最后一个男人，正在桌前写遗书。突然，他听到一阵敲门声。幽灵？外星人？动物？都不是，也不是风声或石子等非生物砸中门的声音。他，是地球上的最后一个男人，这是不折不扣的事实。请问，敲门声是谁发出的？

敲门的是个女人。也就是说，虽然故事中说了他是最后一个男人，却没有提及还有没有女人，所以敲门的是个女人。

▸ 回答错误者→作业

西方传说中，最初的人是亚当和夏娃。亚当和夏娃结合后生下了该隐和亚伯。该隐杀死了亚伯，被驱逐到其他地方，并在那儿娶了妻。在这个故事里隐藏着一个巨大的矛盾之处，请问是什么？

▸ 回答正确者→预习

下一站：伊斯坦布尔。古都伊斯坦布尔汇集了拜占庭艺术风格的精华，有很多美丽的寺院。极具几何学风格的彩画玻璃为我们提供了绝好的素材。

第17日 伊斯坦布尔（土耳其）

一座装饰着彩画玻璃的美丽寺院，如图（1）所示有八块有色玻璃，被拼装成了图（2）所示的窗户。现在想要将它们重新拼成长方形的窗户。当然，还是这八块玻璃，并且不能将它们切割，请问能不能做到？

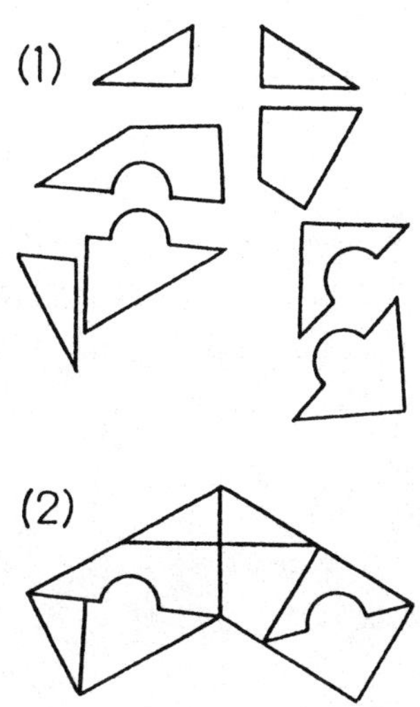

能。方法如下图。将左半部分翻转，与右半部分拼合，是这道题的关键。为了更容易拼装，要考虑如何将其拆分成尽可能大的部分，使之能够拼成长方形。

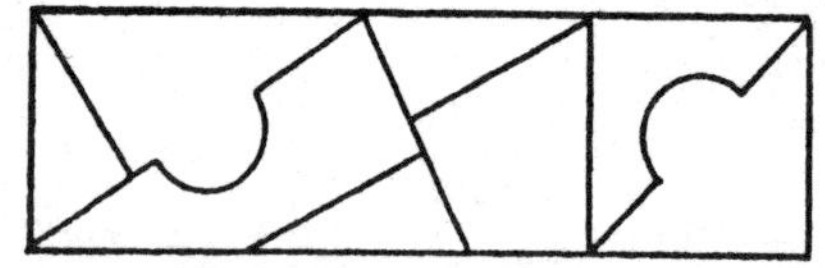

▸ 回答错误者→作业

某个寺院里有一扇正方形的窗户。将这扇窗户的一部分用纸覆盖住，做出一扇面积为原来一半的正方形窗户。最简单的办法是什么？

▸ 回答正确者→预习

下一站：雅典。雅典是希腊的首都。雅典卫城、奥林匹斯山、马拉松发源地等历史遗迹，让人联想起古希腊文明及希腊神话。

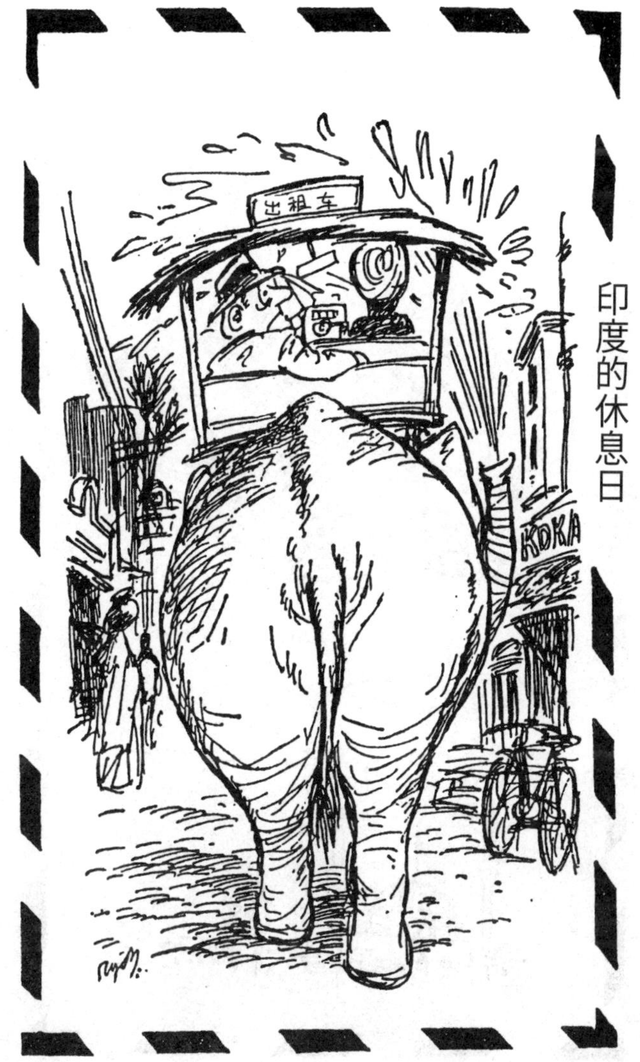

印度的休息日

巴格达的休息日

非洲的休息日

撒哈拉沙漠的休息日

第18日 雅典（希腊）

希腊神话中的斯芬克司是世界上古老的谜语家。

“小时候四条腿，长大后两条腿，老了以后三条腿的是什么动物?”她出了这道谜语，答案是“人”。凡是回答错误者，都会被她杀掉。

如果你是现代的斯芬克斯，你会出什么样的谜语呢?比如试着回答一下这道题：“在0和1之间加上什么符号，使它比0大、比1小?”

0.1

▸ 回答错误者→作业

“O”加上“一”会发出某种声音，请问是哪个音？

▸ 回答正确者→预习

下一站：克里特岛。位于爱琴海的米诺斯岛、罗德岛、克里特岛等岛屿，即使是在风光明媚的地中海，它们的美也是格外突出的。这个故事发生在克里特岛。

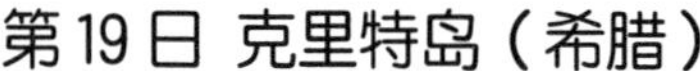

第19日 克里特岛（希腊）

前往如同大理石般熠熠生辉的克里特岛旅行，如果不带照相机的话一定会后悔的。因此，S第一次买了一架照相机，作为初学照相的人，他还特地到照相馆，请教了如何设置光圈、快门才能在接近正午的时候拍出万里无云的晴空。可是，他按这个设置拍出的绝大部分照片，却如同傍晚一般昏暗。这是为什么？当然，并不是照相馆教他的设置是错误的，克里特岛也不是一个总是光线昏暗的岛。

日食。

▸ 回答错误者→作业

宽阔的庭院中立着一根柱子，大白天的太阳明晃晃地照在庭院中。但是，照片中的庭院，却看不到那根柱子的影子，请问这是为什么？

▸ 回答正确者→预习

下一站：卡斯蒂利亚。西班牙的卡斯蒂利亚地区正如它的名字所示，据说它是卡斯特拉蛋糕的原产地，这个故事就发生在卡斯蒂利亚地区。

第20日 卡斯蒂利亚（西班牙）

问题

去住在卡斯特蒂亚的友人家做客，友人拿出卡斯特拉蛋糕招待我。如右图，两块蛋糕放在同样大小的圆形容器上，这是从侧面看到的样子。但我发现，我的那一块比友人的那一块大了足足一倍。蛋糕的厚度是相同的，形状为正方形。请问这可能吗？

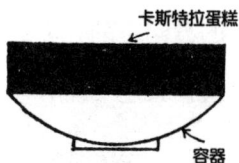

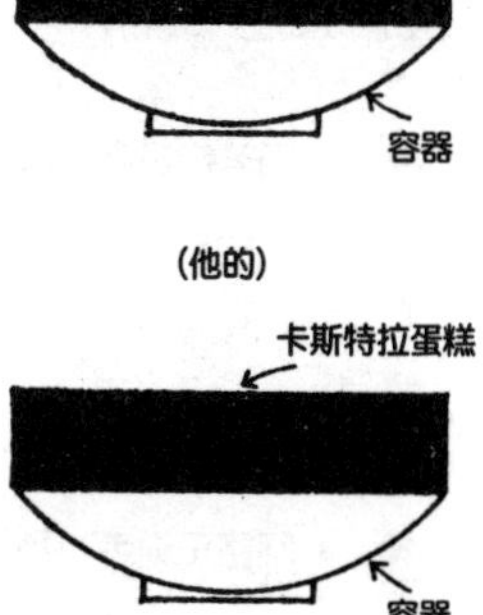

可能。因为蛋糕是正方形的，所以从正面看和从侧面看，根据看的角度不同，其大小也会发生变化。本题中，因为我是从右下角的两个箭头所示的方向看的，因此看到的蛋糕大小相同。

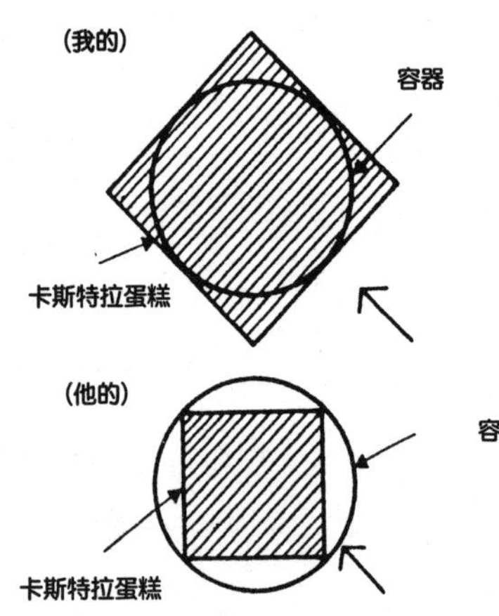

▸ 回答错误者→作业

还是这两块蛋糕，变换观察的角度，还是从侧面看，发现我的那块蛋糕正好是友人的那块蛋糕的两倍，应该怎么看？

▸ 回答正确者→预习

下一站：马德里。这里是由摩尔人建立的西班牙的首都，作为古时候抵御外敌入侵的要塞，其复杂的城市内部结构遗留至今。

第21日 马德里（西班牙）

在这个城市复杂的地形中，我差点儿迷路了，转了一圈结果又回到了出发点。我想了想，这来回的路上，右转走不通的地方有三个，左转走不通的地方有三个，直行走不通的地方一共有五个，请问我最少遇到了几个路口？

最少三个。如右图所示，有三个路口，其中的一个路口向右、向左、向前三个方向都行不通，折返回来后，如箭头所指方向行进。可以向左转的地方，从相反方向走来就是向右转。

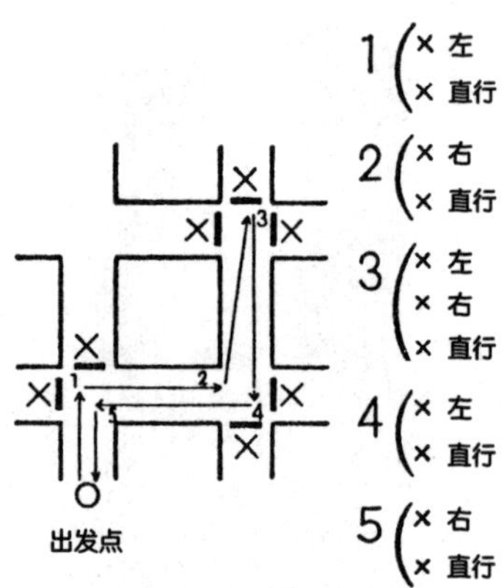

▸ 回答错误者→作业

这条路线中，有很多坡道。你认为上坡和下坡哪个比较多？

▸ 回答正确者→预习

下一站：里维埃拉。因蔚蓝海岸而文明，从世界各国来此避寒或避暑的人，络绎不绝。

第22日 里维埃拉（意大利）

问题

里维埃拉的海滨浴场中，有一个孩子溺水了。人们赶紧把一个救生圈抛给他，轮胎上绑着如图所示的绳子。孩子成功抓住了救生圈，但是尽管人们拽紧了绳子的两端，孩子还是被海浪冲远了。绳子并没有特别长，也不能伸缩，没被切断，救生圈当然也没有裂开，请问，这是为什么？

如图所示，将绳子按这种方式绑在救生轮胎上时，是非常容易脱落的。

▸ 回答错误者→作业

还是之前的那个问题，用一根绳子绑住救生圈上的两处地方，但是，要让绳子解不开，该怎么绑？

▸ 回答正确者→预习

下一站：比萨。因伽利略的自由落体实验而出名的比萨斜塔被誉为世界奇观，观光客纷至沓来。

第 23 日 比萨（意大利）

去参观著名的比萨斜塔，却惊异地发现塔身如图所示是笔直的，一点儿都没有倾斜。我不由得怀疑起自己的眼睛。塔身没有修复工程的痕迹，这也不是座假的塔，请问为什么会这样呢？

仔细想想也并非不可思议。绕比萨斜塔一周，一定有一个方向看上去倾斜度比较小，或是几乎看不出倾斜度。导游当然知道这个位置，因此引导我从左图箭头所指的方向看去。

▸ **回答错误者→作业**

用一只眼睛看东西时，会难以判断进深，因此会更难看出塔的倾斜。如何用一只眼睛来分辨比萨斜塔是向自己这一方倾斜，还是向反方向倾斜？

▸ **回答正确者→预习**

下一站：罗马。古罗马时代的遗迹数不胜数。优美的建筑和随处可见的喷水池让每一个来此的旅行者感到不虚此行，现在我就要去有名的特莱维喷泉了。

第24日 罗马（意大利）

问题

特莱维喷泉前，三兄弟从一个卖氢气球的小贩面前走过。小贩是个喜爱恶作剧的人，他叫住了三兄弟："嘿！你们看，这里有七只氢气球。你们兄弟三人，老大拿一半，老二拿四分之一，老三拿八分之一。如果能做到的话，这些全部送给你们。"

三兄弟听了很高兴，就开始分配。可氢气球没有办法分割，所以老大想了半天，去隔壁的商店借来了一个氢气球，于是，总数变成了八个。一半就是四个，四分之一就是两个，八分之一就是一个，并且加起来还是七个。多出来的这一个不用了，就还给了商店。

请问这个办法可行吗？

不可行。小贩的提议从根本上来说就是错误的。一半，也就是二分之一。二分之一加四分之一加八分之一是八分之七，本来就没有到“1”。因此借一个氢气球凑足八个后，就能分配出四个、两个和一个了。当然，这种分配方法，并没有满足小贩提出的七个氢气球中的一半或四分之一，只是满足了三兄弟之间的分配比率而已。

▸ 回答错误者→作业

又有一个爱捉弄人的卖氢气球的小贩，他有十个氢气球，同样，让三兄弟分别取走其中的一半、四分之一及十二分之一。请问该怎么办?

▸ 回答正确者→预习

下一站：梵蒂冈。位于罗马的西端，面积只有 0.44 平方千米，却是一个独立的国家。

希腊的休息日

希腊的休息日

马德里的休息日

比萨的休息日

第 25 日 梵蒂冈

圣彼得大教堂中有许多绘画和历代教皇的肖像。

看着制定太阳历的格列高利十三世的肖像，我想到了日历。

我带来的 1968 年 1 月的日历上，31 日是星期三。请问这一个月的日历中，有几格是空白的？

此外，1968 年 3 月和 5 月的日历上能被各自的月数（3、5）整除的数字有几个？

第一个问题，四格空白。因为 1968 年 1 月 31 日是星期三，那 1 月 1 日就是星期一。所以，1 月 1 日之前有一格空白，31 日之后有三格空白，总计为四个。第二个问题，3 月有十一个，5 月有七个。3 月、5 月这一个月份的日历上所有的数字都要被数进去。

▸ 回答错误者→作业

每一页上显示两个月日期的日历，当后面那个月份开始的时候，前面那个月份的显示就不再有用了。有没有让这种日历显示出来的部分始终有用的办法?

▸ 回答正确者→预习

下一站：那不勒斯。被称为世界最美的三大港口之一，有“不见那不勒斯，死不瞑目”的谚语。那里的名胜数不胜数，有庞贝古城、维苏威火山、桑塔露琪亚海岸等。

第26日 那不勒斯（意大利）

那不勒斯民谣《登山缆车》中唱到的登山缆车，就是通往那不勒斯郊外的维苏威火山的。登山缆车上行和下行的速度一致，每隔十分钟交会一次，请问每个小时有几趟车到达山顶？

三趟。因为在同样条件下，上行和下行的电车每隔一段时间就会交会一次。如果上行和下行的电车同时发出，每隔十分钟交会一次，也就是说间隔需要二十分钟，所以每小时会有三辆电车到达山顶。

▸ 回答错误者→作业

上行列车在行驶过程中，全程与下行列车处于交会状态，一瞬间的间隙也没有，这可能吗？下行列车不用全程与上行列车交会。

▸ 回答正确者→预习

下一站：庞贝。从那不勒斯坐电车大约一个小时，就可到达庞贝古城。维苏威火山是座活火山，时有喷发，因此庞贝古城的发掘工作仍然在进行中。

从庞贝古城的遗迹中发掘了各种不同的建筑，导游一边带我参观，一边说了以下的话。

这是一个设计巧妙的迷宫，看起来好像是一座富豪的宅邸。在这幢二层楼建筑的二楼，有一间藏宝室。这座迷宫，可能就是为了不让盗贼轻易找到藏宝室而设计的。但是如果有什么突发情况的话，可以以最快的速度从值班室到达藏宝室的途径是什么？

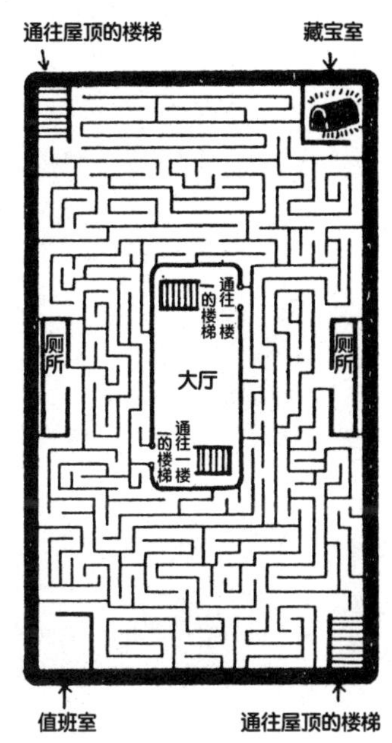

比较容易想到的近路是从大厅中央横穿过去，其实不是。首先从楼梯上到屋顶，然后从屋顶斜穿到斜对面离藏宝室最近的楼梯，然后只要走一段迷宫就可以到达藏宝室了。这才是到达藏宝室的最短距离。

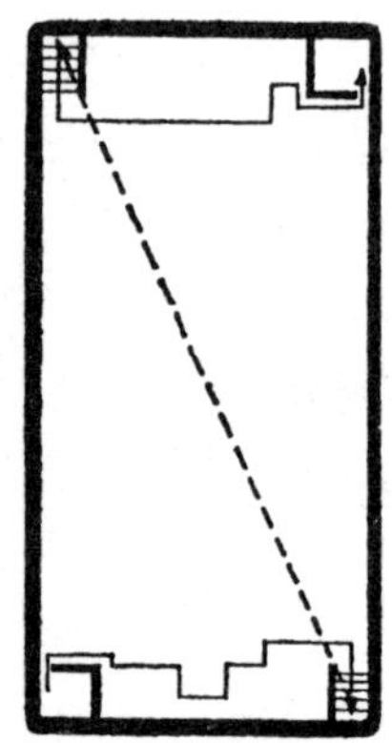

▸ 回答错误者→作业

偷到宝物的盗贼，怎么才能尽快逃出去？

▸ 回答正确者→预习

下一站：辛普朗山口。翻越阿尔卑斯山，就可以到达瑞士。从辛普朗山口，能够看到少女峰、马特峰迷人的景色。在这里，有个男人对我说了下面这件事。

第28日 辛普朗山口（阿尔卑斯山脉）

小路宽度为 80 厘米，两侧是令人毛骨悚然的绝壁。我孤零零地被抛弃在那里，双手双脚都被捆绑着，两眼也被蒙住，移动的话只能像兔子一样跳跃。但是，我竟然没有受一点儿伤，顺利地逃了出来。你是不是应该称赞一下我无可挑剔的勇气呢?

对于那些称赞我勇气可嘉的人们，我表示抱歉，因为两侧“令人毛骨悚然的绝壁”，事实上是如右图所示的样子。两侧的岩壁，虽然撞上去会很疼，但是即使两手两脚都被捆绑着，眼睛被蒙着，沿着这条路走出来也并非难事。

▶ 回答错误者→作业

完全相反的两种状态，有时却呈现出相似的模样。还有没有其他例子呢？比如“火筷子”，听上去像是滚烫的，但其实和普通筷子一样，是冰冷的。

▶ 回答正确者→预习

下一站：日内瓦。这座坐落于日内瓦湖畔的美丽城市，作为国际会议的舞台而名满全球。这里有万国宫、圣皮埃尔大教堂等众多著名建筑。

第 29 日 日内瓦（瑞士）

问题

瑞士是个德语、法语、意大利语、罗马尼亚语通行的国家。有四个日本人来到瑞士旅游。A 会说罗马尼亚语和德语，B 会说德语和法语，C 会说法语和意大利语，D 会说西班牙语和英语。有一块用罗马尼亚语写的告示板，A 看了以后，用德语翻译给 B 听。请问，这块告示板上的内容，能不能传达到 C、D 两人那里？

能。用日语就可以。

▸ 回答错误者→作业

有一个男子，自称懂得二十国语言。有一个人拿着一封从外国寄来的信找他，他一边看信一边说：“这是哪国的语言呀？我懂二十国外语呢，知道是哪国的语言，就能帮你看了。”他的话哪里有矛盾？

▸ 回答正确者→预习

下一站：因特拉肯。从这里可以看到阿尔卑斯山的名峰——少女峰和艾格峰，这个登山据点因此而出名。从这里可以乘坐登山电车继续上行。

第30日 因特拉肯（瑞士）

在因特拉肯坐上登山电车，无意中想起了日本箱根的登山电车。那条线路为了能单线往返行驶，只有从两头的终点开始等距离的地方是复线，这是为了让上下行的车能够交会。但是，这条可供交会的轨道，如图所示，没有铁道的转辙器。我很担心电车会不会脱轨，但事实证明是我多虑了。请问这种电车的车轮究竟是什么样子的呢？

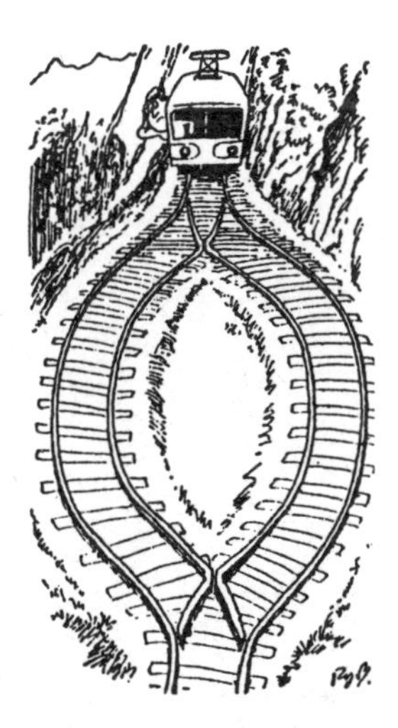

交会的两辆车的其中一辆，车轮如右图所示，另一辆的车轮与图示正相反。这样就不会脱轨，能顺利交会了。

▸ 回答错误者→作业

在上图中，电车从对面开来，坐在驾驶席的小熊君在经过复线时，通常只能从右侧看到对面的交会电车，请问他有没有可能从左侧看？

▸ 回答正确者→预习

下一站：瑞士首都伯尔尼。这里作为精密机械的著名产地，几乎无人不知无人不晓。街角路边随处可见手表的配件、表盘的残片等物。

第31日 伯尔尼（瑞士）

玻璃的表盘掉落在石板地上，碎成若干残片。残片四散，分布在六块石板方格中。不可思议的是，六块石板方格中的每一块，掉落的残片上的数字相加均为“10”，请问表盘碎成了什么样子？

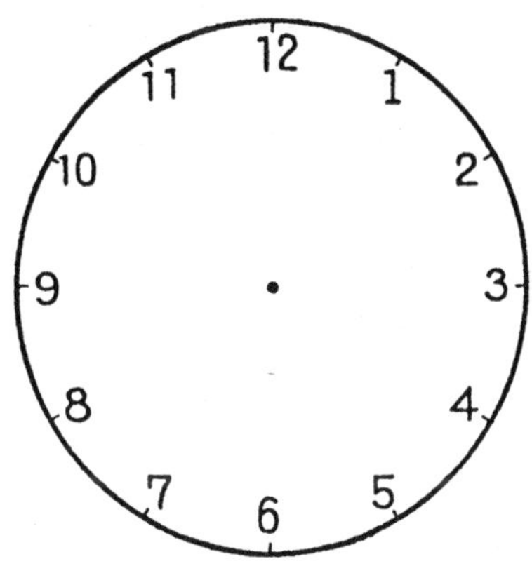

如图所示。

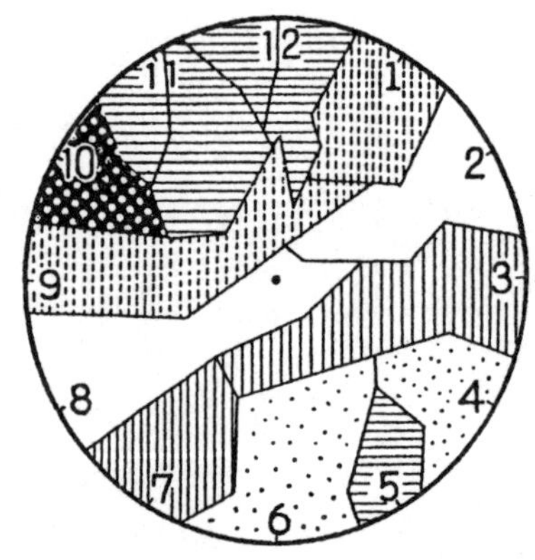

▸ 回答错误者→作业

又有一块表盘，掉落在石板地上的残片分布在五块石板方格中，将每一块方格中的残片收集起来，这次每块方格中的数字之和为“12”，请问表盘碎成什么样子？

▸ 回答正确者→预习

下一站：苏黎世。苏黎世是瑞士第一大城市。距离苏黎世不远，有一个地方叫阿尔特多夫。这里是历史上有名的威廉 · 退尔[①]曾经活跃过的村庄。

① 威廉 · 退尔，瑞士民间传说中的英雄，著名的射手。

第32日 苏黎世（瑞士）

在这个村子的广场上，有一座威廉·退尔带着儿子的铜像。铜像前站着一对父子，22岁的儿子正在问他的父亲：

“爸爸你多大了？”

“爸爸的年龄吗？嗯……我年龄的一半加上你的年龄，正好是爸爸的年龄。”父亲回答说。

请问这位父亲几岁？

44岁。父亲的年龄的一半与儿子的年龄相同，说明父亲的年龄正好是儿子的两倍。很简单吧？

▸ **回答错误者→作业**

儿子又问父亲："那妈妈多大呢？"父亲回答："爸爸的年龄曾经是妈妈的两倍，但第二年就只有一点五倍了。"请问，母亲今年多少岁？

▸ **回答正确者→预习**

下一站：萨尔茨堡。这里是莫扎特的出生地，每年都会举办音乐节，到访的游客非常多。近年来，其作为产业都市迅速成长起来。

意大利的休息日
Ryoh.

意大利的休息日

瑞士的休息日

瑞士的休息日

第33日 萨尔茨堡（奥地利）

萨尔茨堡，如同其名，作为岩盐的产地而出名（“萨尔茨”在德语中是“盐”的意思）。如图所示，在盐山上称盐的天平左右秤杆的长度是不同的。使用两个五百克的砝码，能正确称出一千克的岩盐吗？秤杆的长度和重量都不可知。

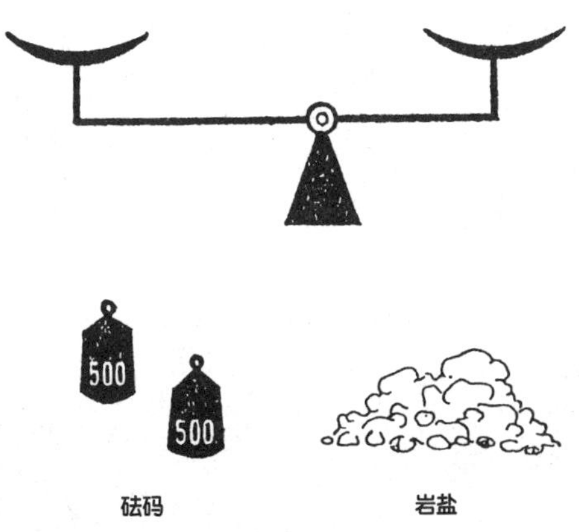

在一边的托盘上放入两个五百克的砝码，另一边的托盘上放入岩盐 A，使天平平衡。然后，把两个砝码都取下，在这个托盘中装入岩盐 B，使天平平衡，这样，B 正好就是一千克。如果左右秤杆长度相同的话，岩盐 A 也应该是一千克。正由于左右秤杆的长度不同，如果不这么做的话，就无法称出正确的重量。

▸ 回答错误者→作业

在这个天平的两个托盘上各自放上五百克的砝码，会怎么样?

▸ 回答正确者→预习

下一站：莫斯科。毋庸置疑，莫斯科是俄罗斯的政治、经济中心，同时也是科学、文化、交通的中心。

第 34 日 莫斯科（俄罗斯）

莫斯科东部的雅罗斯拉夫尔站是西伯利亚铁路的起点。从这里到海参崴，铁路长达九千千米。

现在，一列从莫斯科出发开往海参崴的特快列车和一列从海参崴出发开往莫斯科的普快列车同时发车。两辆列车的长度相同，特快列车时速一百五十千米，普快列车时速一百千米。当两辆列车交会时，哪辆车离莫斯科更远？

距离是一样的。题目问的是距离莫斯科的距离，而不是比两辆列车离开各自发车地的距离。两辆车交会，也就是说，那个时候两辆车在同一地点，因此，距离莫斯科的距离当然是一样的。

▸ 回答错误者→作业

还是同样的西伯利亚铁路上的问题。开往海参崴的特快列车和开往莫斯科的普快列车以刚刚所述的速度行进。但是，由于铁道转辙器的操作失误，两辆车开到了同一根铁轨上。但是两辆车还是顺利地开到了目的地，请问这是怎么做到的？两辆车都没有开到其他轨道上去。

▸ 回答正确者→预习

下一站：芬兰首都赫尔辛基。在被称为森林之国的芬兰，家具工业十分繁荣。

第 35 日 赫尔辛基（芬兰）

这是在某个家具工厂制作画框时发生的问题。

如下图所示，有一个正方形的宽幅画框。现在有两幅画，一幅正好能嵌入中间挖空的部分，另一幅的面积是第一幅画的四倍，并且也是正方形的。现在要把这个画框裁开，做成两个画框，分别能装下这两幅画，请问应该怎么裁？

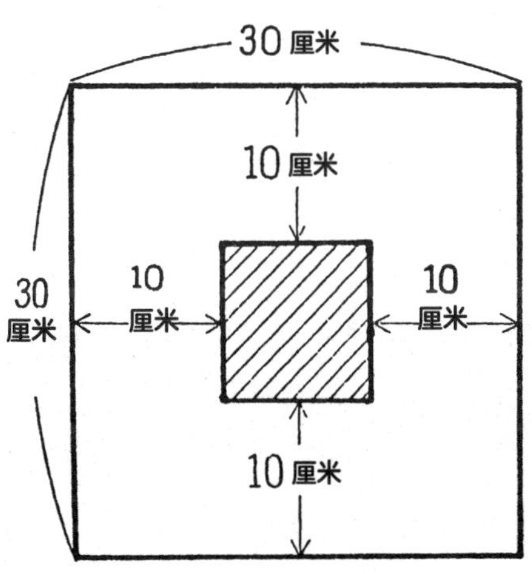

如图所示，沿着画框正中虚线的部分裁成两个就可以。

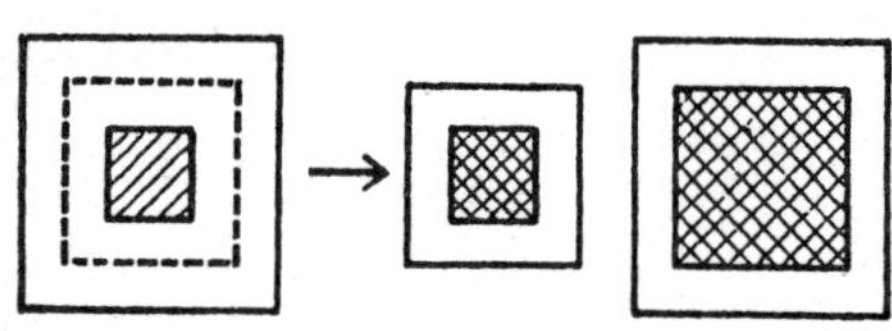

▸ 回答错误者→作业

这个小的画框，如果用同样的方法，沿画框正中将它裁成两个画框的话，两个框嵌入画的部分的面积比是多少？

▸ 回答正确者→预习

下一站是赫尔辛基的另一家家具工厂，那里的工人出现了失误，还好最后同样完美地解决了难题。

第36日 赫尔辛基（芬兰）

某位工人由于误操作，将画框裁成了如下图所示的样子，并且每片木片上，都涂了不同的颜色。然后，如之前的问题，有两幅画，一幅是小的正方形，另一幅也是正方形，但面积是第一幅的四倍。现在要做两个分别能装下这两幅画的画框，并且不同颜色的木片不能用在同一个画框上，请问该怎么办?

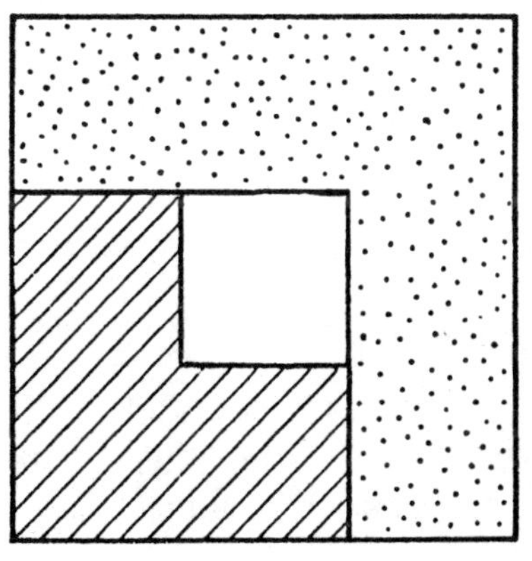

如图所示。

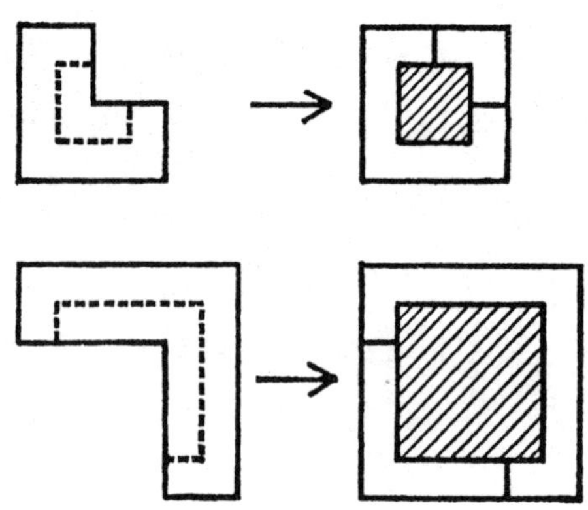

▸ 回答错误者→作业

如果使用前一次的方法，将答案中的那个大的画框再裁剪成两个，嵌入两个框中的画的部分的比例是多少？

▸ 回答正确者→预习

下一站：哈默菲斯特。哈默菲斯特位于挪威的北部，是欧洲最北端的城市。它位于北极圈内，即使是盛夏，气温也只有五摄氏度左右，是个极其寒凉的地方。

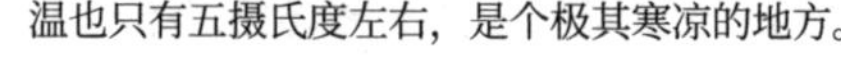

第37日 哈默菲斯特（挪威）

问题

这是个发生在欧洲最北端的哈默菲斯特的冬天的故事。A 在宾馆里靠着暖炉吃午饭。收音机里，正午的报时过后，是天气预报。

“现在开始下雪，预计在 24 小时后停止，预计在 48 小时后出太阳。”

A 听了后大怒：“天气预报怎么能这么敷衍了事？！”

请问，为什么这么说？

哈默菲斯特位于北极圈以北，那里存在极昼和极夜的现象。因此哈默菲斯特的冬天正值极夜期间，是看不到太阳的。

▸回答错误者→作业

有一个奇怪的男子，他非常讨厌白天，有没有可能他的一生都在黑夜中度过?

▸回答正确者→预习

下一站：瑞典首都斯德哥尔摩。想在这里购买一件当地产的漂亮的瑞典刺绣，于是听到了以下有意思的对话。

第38日 斯德哥尔摩（瑞典）

问题

当地一位刺绣手艺精湛的妇人时常会接到一些很奇怪的订单。

“最近最困扰我的，是接到一份订单，问我能不能绣出这样的图案：一条直线，要与五边形中的四条边相交。”

她求助于客人，希望能得到一份图案的样本。

请问，她的困扰有没有办法解决？

如图所示。四条边以上的多边形，如图这样，可以是这种凹进去的形状。

▸ 回答错误者→作业

这个妇人这次接到的订单要求是这样的：“一条直线，与六边形的六条边都要相交。”请问该怎么解决？

▸ 回答正确者→预习

下一站还是在斯德哥尔摩。瑞典的火柴产业很发达，这是一道与火柴有关的谜题。

第39日 斯德哥尔摩（瑞典）

如图是用火柴拼出的一辆汽车（六个正方形）。取走其中的两根，使其变成五个正方形，这很简单。现在的问题是，取走两根变成五个正方形后，要再移动其中的两根，使其变成四个正方形。所以，一开始应该取走哪两根？

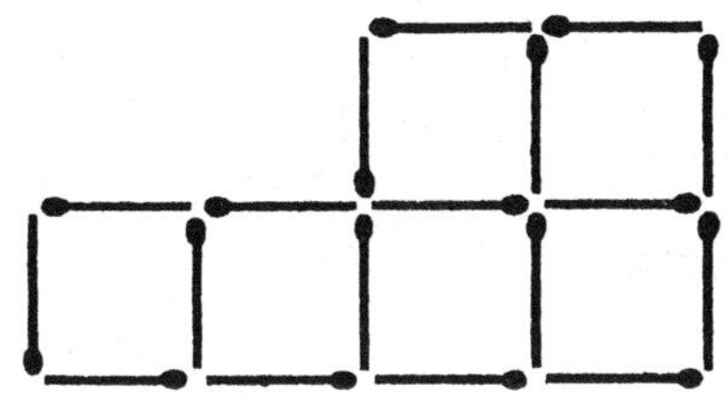

如图所示。

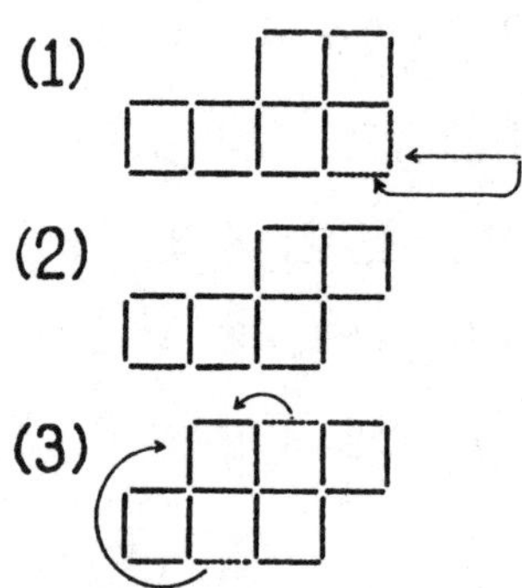

▸ 回答错误者→作业

继续将上图（3）变成三个正方形，只要取走两根，再移动两根就可以，请问该怎么做?

▸ 回答正确者→预习

下一站：哥本哈根。北欧风格的室内装饰在世界范围内都很流行。其中，丹麦的家具和地毯极具人气，去地毯店看一看吧!

第40日 哥本哈根（丹麦）

哥本哈根的一家地毯店接到了一张订单，要做一条铺在如图所示的三角形房间内的地毯。可是，裁剪后的地毯，却如下图所示，地毯的样子与房间正相反。

这是一个不等边的三角形，请问该怎么办？

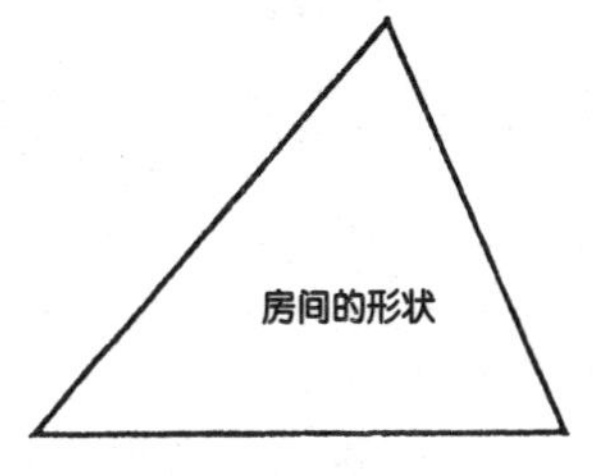

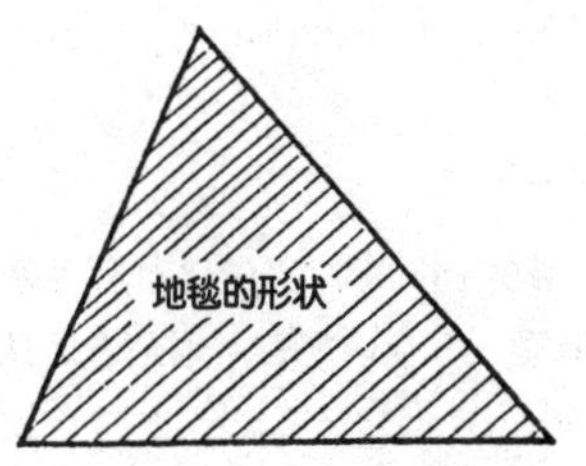

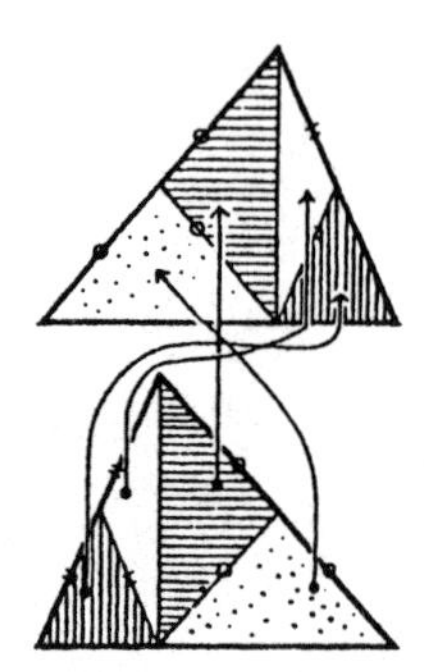

因为是不等边三角形，所以旋转一定角度后与原来的样子是不相同的。但是，如果把它分割成几部分，即使旋转后也形状相同，即分割成几个等腰三角形或等边三角形，再缝合即可。分割成最少数量的等腰三角形或等边三角形的方法，如上图所示，只要分成四块就可以。

▸回答错误者→作业

接上题，毛毯被裁成房间翻转后的形状，可以通过将毛毯重新分割的方式拼成与房间一样的形状。分割方式除了分成等腰三角形、等边三角形以外，还有其他方法吗？

▸回答正确者→预习

下一站：赫尔辛格。那儿有莎士比亚名著《哈姆雷特》中的城堡的原型——卡隆堡宫，也是古代时海盗猖獗的城市。

第 41 日 赫尔辛格（丹麦）

参观卡隆堡宫的时候，顺便去了一趟附近维京时代的碉堡。在碉堡中，我好像迷路了。其实，碉堡中是有指向行进路线的箭头的，但只有一个地方，如图所示，箭头隐藏在了众多交叉的线条当中。我想找出隐藏在其中的指示箭头继续前进。这个箭头究竟藏在哪儿呢？箭头的大小如下图所示。

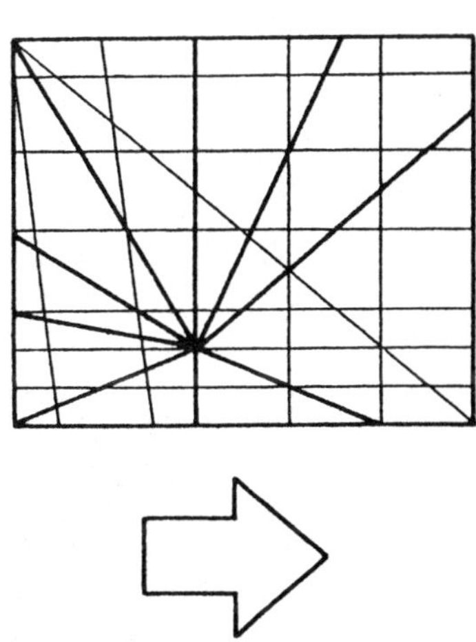

如图所示。

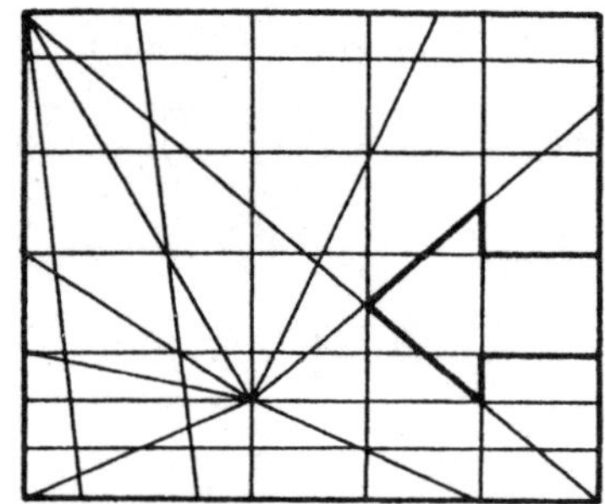

▸ 回答错误者→作业

在这题中，找不到箭头的原因是什么？

▸ 回答正确者→预习

下一站，我将飞去汉堡，参观世界著名的哈根贝克动物园。那里的马戏业繁盛，有数量惊人的动物受过专业的马戏训练。

莫斯科的休息日

北欧的休息日

芬兰的休息日

哥本哈根的休息日

第42日 汉堡（德国）

问题

汉堡郊外的哈根贝克动物园里，有一只会模仿人动作的猩猩。人们看见它时做出各种姿势和手势，它会像镜子一样马上模仿出来。有一个人来到这只猩猩面前，用右手摸了摸下颚，猩猩马上伸出左手摸了摸下颚。人闭上左眼，猩猩马上闭上右眼，人睁开眼睛，猩猩也睁开了眼睛。

那个人来到了饲养员那儿，说："有一件小孩子都会的非常简单的事情，但猩猩绝对模仿不出来。不仅是猩猩，即使是大人，也应该没有办法完全模仿出来吧？"请问他说的是什么事情？

两只眼睛同时睁开。两只眼睛都闭上的话，猩猩也会两只眼睛都闭起来，但是人什么时候睁开眼睛，是猩猩绝对模仿不出来的。要知道什么时候能把两只眼睛都睁开，就要先睁开一只眼看着对方才行。

▸ 回答错误者→作业

再能举一个与这道题要求相同的、猩猩模仿不出来的动作吗?

▸ 回答正确者→预习

下一站：莱比锡。与海德堡齐名，这里从很久以前就是一座学术氛围浓郁的城市，拥有历史悠久的大学，也是德国的出版业中心，最近作为商业城市开始发展起来。

第43日 莱比锡（德国）

问题

我在莱比锡的旧书店买了本书。

这本书共有200页。其中第3页到第12页有很重要的信息，我剪了下来，书还剩下190页。然后，从56页到75页也有重要信息，我又剪了下来，请问这本书还剩多少页？

168 页。这本书取走第 3 页到第 12 页的 5 张纸后还剩 190 页，因此如果取走 56 页到 75 页的话，应该是从第 55 页到第 76 页都被剪下来了。也就是说，开始和最后的那一页剪下来的时候，还包含了它们背后的那一页。

▸ 回答错误者→作业

正反 8 张纸总计 16 页，要印刷在一张大的纸张的正反面。这张大的纸经折叠裁剪后装订成一本书，请问这 16 页纸印刷的时候应该怎么排列?

▸ 回答正确者→预习

下一站：海德堡。以大学和古城闻名的海德堡，是一座非常美丽的城市。在德国历史悠久的大学中，学习哲学的学生很多，思辨之花盛开。

第44日 海德堡（德国）

哲学系的学生A走在夜晚的高速公路上。因为专注于思考问题，没注意迎面两盏明晃晃的车灯朝这边迅速靠近。他就在车灯的正前方，躲闪不及，吓得紧闭双眼。可是，等他睁开眼睛，却发现车竟然已经开过去了，而他还活着。他记得自己的确是站在车的正前方，难道车体会一分为二吗？睁开眼睛的A呆呆地站在高速公路上。请问这样的事情可能吗？

可能。迎面急驶而来的两盏大灯，其实是两辆摩托车，他们分别从 A 的两侧开了过去。

▶ 回答错误者→作业

又有一次，一个明晃晃的大灯急驶而来，像是一辆摩托车。往旁边闪了一步的 A 却在车驶过的一瞬间遭遇了车祸，请问这是为什么？

▶ 回答正确者→预习

下一站：阿姆斯特丹。被誉为风车和郁金香的国度的荷兰，据说是“AA 制[①]”的发源地。我从阿姆斯特丹出发，开始了租车之旅。

① 意思是各人平均分担所需费用。

第45日 阿姆斯特丹（荷兰）

问题

我租了一辆带导游的出租车，从阿姆斯特丹出发，去往被称作“花卉之都”的阿尔斯梅尔。在阿姆斯特丹与阿尔斯梅尔的正中间有个小镇 K，我的朋友 A 和 B 在 K 镇上车，与我一同去花卉之都参观。回来的时候，A 在 K 镇下了车，B 和我一起回到了阿姆斯特丹。我们三人决定根据各自所乘坐的区间来分摊车费。从阿姆斯特丹到阿尔斯梅尔往返的车费一共是 24 荷兰盾，K 镇恰好位于两个城市的正中，到两个城市的距离相等，请问三个人各自需要支付多少车费？

我需支付 13 荷兰盾，A 需支付 4 荷兰盾，B 需支付 7 荷兰盾。将 24 荷兰盾如下图所示分在四个区间内：阿姆斯特丹 –K 镇 – 阿尔斯梅尔 –K 镇 – 阿姆斯特丹，这样就容易理解了。

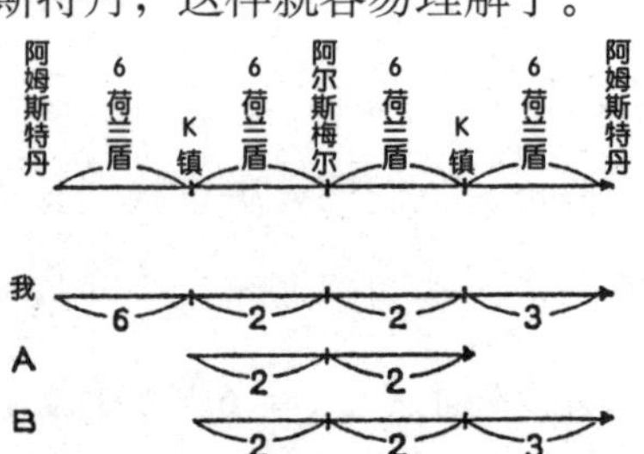

▸ 回答错误者→作业

如果这三个人决定根据乘坐的距离来分摊车费，他们各自需要承担多少车费？

▸ 回答正确者→预习

接下来的故事，发生在阿尔斯梅尔。这里是荷兰著名的花卉之都。近郊的花田种植着郁金香、水仙、风信子等，美不胜收。

第46日 阿尔斯梅尔（荷兰）

有一块长方形的郁金香花田，是用同样长度的三十块板围起来的，里面种植了一百株郁金香。如果增加这块花田的面积，就能种植更多的郁金香。

有一个聪明的男子，他说只要再多两块同样长度的板，他就能让花田的面积成为原来的两倍。另一个比他更聪明的男子说："根本不用再多加板，只要原来的这些板，别说是两倍了，我能围出原来四倍的面积。"

请问这两名男子分别用了什么方法？前提是，花田只能是长方形的。

如图所示。最初的花田形状如图 1 所示。

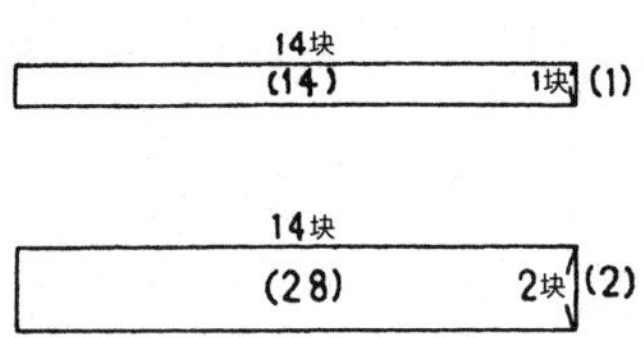

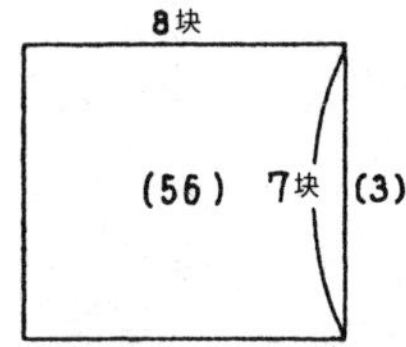

▸ 回答错误者→作业

如果不规定花田的面积必须是长方形的话，同样数量的板，可以围出面积更大的花田。请问，三十块板可以围出的面积最大的花田，是什么形状的?

▸ 回答正确者→预习

下一站：布鲁塞尔。从阿姆斯特丹乘坐国际列车去布鲁塞尔，途中经过北布拉班特，这里是画家凡 · 高的诞生地。

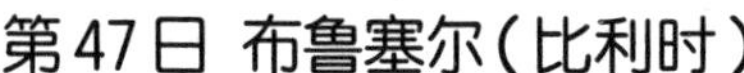

第47日 布鲁塞尔（比利时）

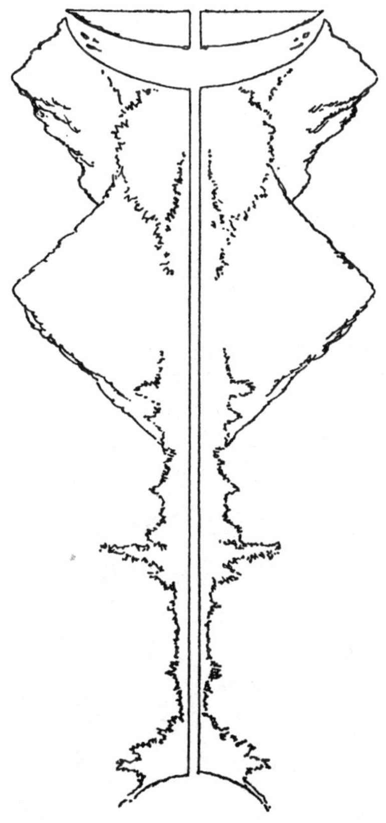

在国际列车上，有一个男子给我看了如右图所示的一幅画。这像是画了些什么，但怎么看都不像一幅画。请问这究竟是什么？

这是一幅竖着的风景画，横着看就能看出瀑布、森林、山川倒映在湖泊中的景色。

▸ 回答错误者→作业

还是看着这幅图，从这幅图中，你能联想出什么东西吗（比如牛脸）？尽可能多做一些联想。

▸ 回答正确者→预习

下一站：巴黎。第一天，我的朋友 F 开车带我游览巴黎市内的各大景点。我非常喜欢埃菲尔铁塔，于是请他带我去。

德国的休息日

荷兰的休息日

荷兰的休息日

布鲁塞尔的休息日

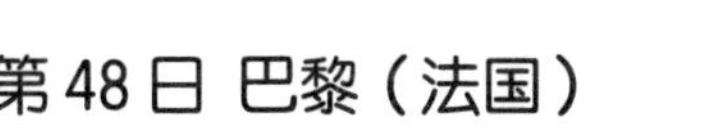

“请一定要把我带到能看得见埃菲尔铁塔的地方。”于是，从夏乐宫出发，如图所示向卢森堡公园进发。就只打了个盹儿的工夫，已经到了第六个景点。在那里，无论向哪个方向看去，都看不到埃菲尔铁塔的踪迹。“你怎么不遵守约定，把我带到那么偏远的地方来呢?！”我抱怨道。F 笑而不语。请问这是怎么回事呢?

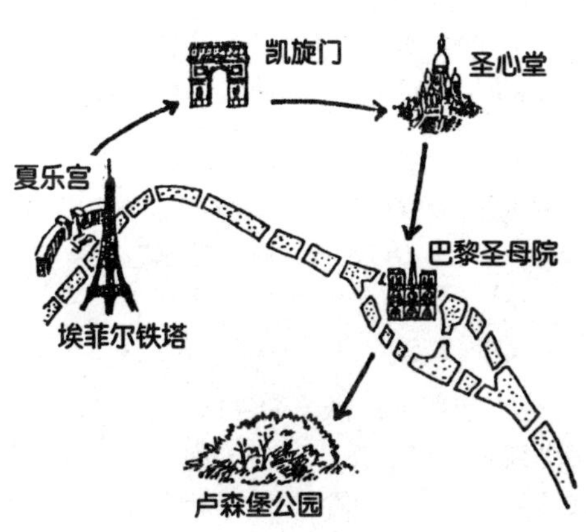

因为我们位于埃菲尔铁塔的正下方了。有一种说法是这样的："遇到讨厌埃菲尔铁塔的人，就带他去埃菲尔铁塔吧！"因为从巴黎市内的各处地方都能看见埃菲尔铁塔的身姿，但是在它的正下方或者在塔里是看不见它的。

▸回答错误者→作业

海的中央有一个男子。一眼望去，除了这个男子，看不到任何的船只和岩石的踪迹。奇怪的是，这个男子的身体并没有随着海浪起起伏伏，请问这可能吗？

▸回答正确者→预习

下一站：巴黎。第二天要品尝料理了，当然，我们立刻会联想到法国料理，而在巴黎品尝到的法国料理，毋庸置疑是最上品的了，其中的法国蜗牛堪称极品。

第49日 巴黎（法国）

问题

一家法国蜗牛店的店主用火柴将店里的告示板搭成如图（1）所示的旋涡状。一个爱恶作剧的客人偷偷移动了三根火柴，将图案变成了三个正方形。

店主增加了旋涡，如图（2），结果又被淘气的客人移动了五根火柴，变成了四个正方形。

请问，这两次分别是怎么做的？

（1）　　（2）

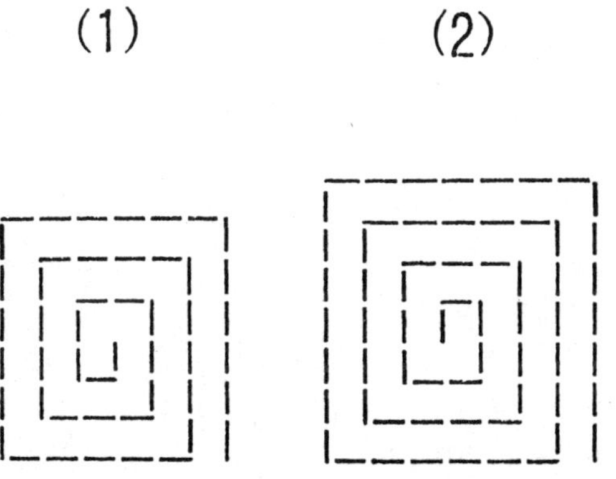

如图所示。

(1)

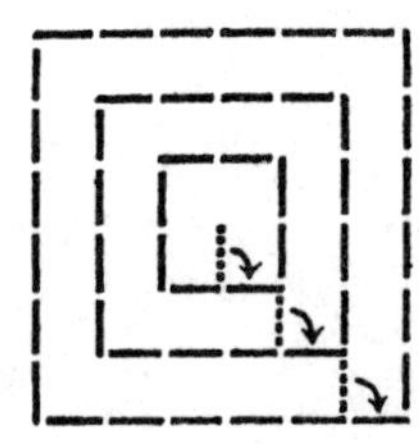

(2)

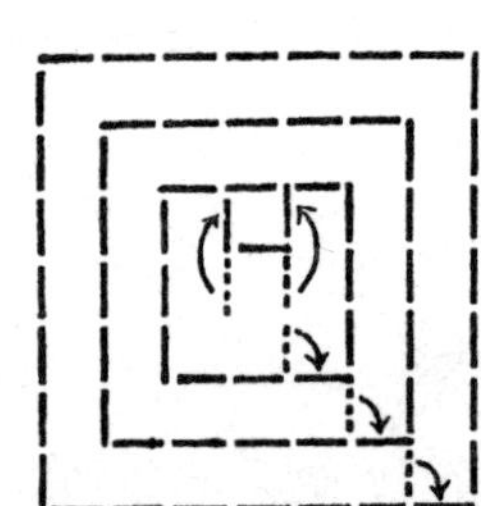

▸ 回答错误者→作业

用八根火柴，既不能折也不能弯曲，怎么搭出三个以上的正方形？

▸ 回答正确者→预习

下一站：巴黎。蒙马特的北面每周都开设“跳蚤市场”，从古老的艺术品到古董，应有尽有。下一站，就是在那里发生的有趣的事情。

第50日 巴黎（法国）

“跳蚤市场”上出现了大量古董。有一个古钱币商人，他的橱窗里陈列着三枚钱币，并且宣称在全法国，这样的钱币只有这三枚。如图所示，在中心线的两侧，钱币以正面、正面、反面的方式陈列着。

有一个路过那儿的绅士，说：“如果是我的话，我会希望中心线的两侧都有‘正面、反面’的钱币。”

但是，只有三枚钱币，请问他说的排列方式可能做到吗？

可能。如图所示。

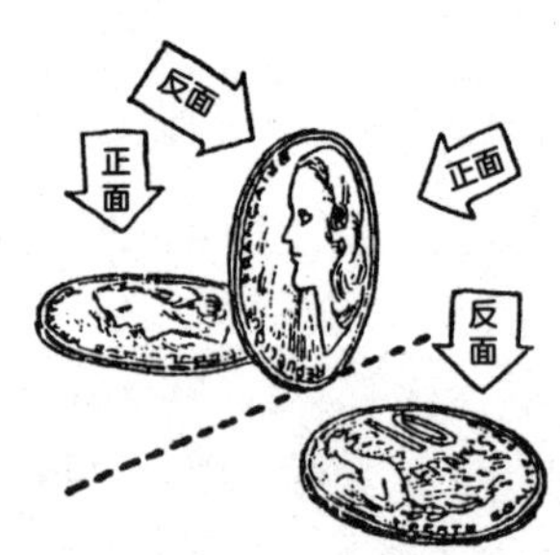

▸ 回答错误者→作业

另一家古董店中有一封皱皱巴巴的预言书，被标注是"大约为公元前两百年的东西"。预言书的第一页写着："我的预言，将在20世纪后半叶得到应验。"这封预言书是假的，请问为什么？

▸ 回答正确者→预习

下一站：巴黎。在巴黎的第四天，去看看夜景吧！香榭丽舍大街等地方，汇聚着诸多世界超一流的俱乐部和饭店。接下来的问题，就与此有关。

第51日 巴黎（法国）

位于巴黎香榭丽舍大街的俱乐部“丽都”，即使在今天，也是世界一流的艺人争相竞技的场所。里面有一只看上去已垂垂老矣的狗。

它在舞台上，却什么都不表演，驯犬师卖力地讨好它，用食物来引诱它，它趴在舞台上看都不看唾手可得的美食，像是在闹情绪似的。它的下巴枕在两条前腿上，睁着两只惺忪的睡眼呆呆地看着观众。

但是，这名驯犬师却博得了全场雷鸣般的掌声，他在驯犬界的名声也越来越高，这是为什么呢？

没有才艺，恰恰就是这只狗的才艺。无论你威胁它还是讨好它，它都不为所动，这是马戏表演的最高境界。而能把狗训练到如此境界的驯犬师，当然应该博得喝彩。

▸ **回答错误者→作业**

如果这只狗还能训练到更高一级的境界，你觉得它会有什么样的才艺？

▸ **回答正确者→预习**

下一站：加来。这座城市中，有渡轮往返于法国和英国。我在渡轮上结识的 P 热衷于智力游戏，于是他问了我以下的问题。

第52日 加来（法国）

如下图所示的围墙由两名匠人共同砌成，每个人砌十米。砌墙的预算是一千法郎，两个人各拿到五百法郎后，砌右半边的匠人不高兴了，他说，右半边需要花费更多的材料，是这样吗?

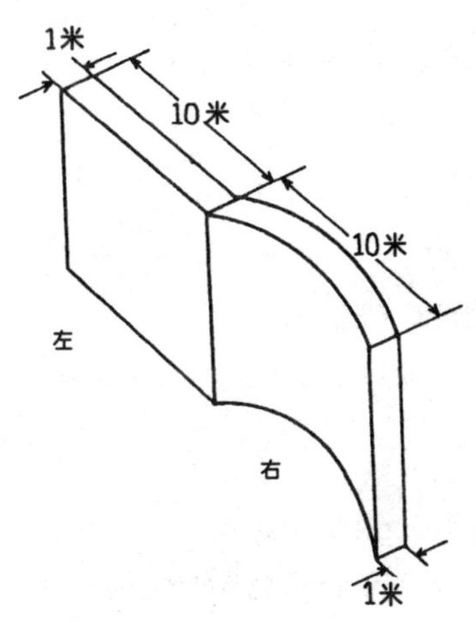

材料的用量是相等的。如下图所示，左右两边的体积其实是相等的。

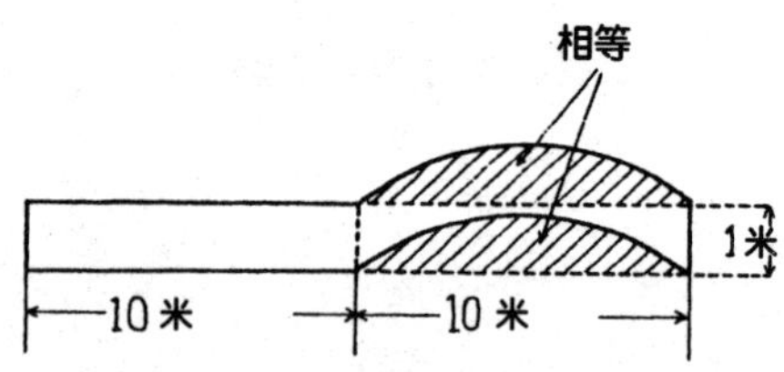

▶ 回答错误者→作业

右侧围墙的弯曲度无论多大，两边的体积都是相等的吗?

▶ 回答正确者→预习

下一站：温莎小镇。这里是是英国王室长达九百年的居住地，拥有伊顿公学这样的名校——那儿到底施行的是什么样的教育呢?

巴黎的休息日

巴黎的休息日

第53日 温莎小镇（英国）

在一所以传统而闻名的小学中奉行着严格的教育理念。学校里只有十个男生、十个女生以及一个教师。每天早上，每个学生要分别向其他男生、女生及教师鞠个躬。

每天早上，全校总计要鞠多少个躬？

四百个。男生之间九十次，女生之间九十次，男生和女生互相鞠躬二百次，每个孩子要向老师鞠躬，二十次，总计四百次。问题的难点在于，需要鞠躬的只是学生，老师不用鞠躬。如果不注意的话，很容易忽略。

▸ 回答错误者→作业

另一所小学的情况和题目中这所差不多，只是用握手代替鞠躬。这样的话，所有人伸出手的次数共有多少?

▸ 回答正确者→预习

下一站：伦敦。伦敦是英国第一都市，人口在七百万以上。和东京一样，这里也存在诸多城市问题。我们将要去访问苏格兰场（伦敦警察厅）。

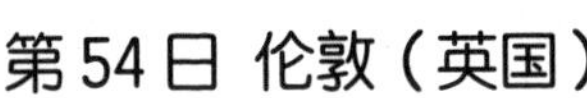

伦敦警察厅的 R 警官负责调查一起杀人案，他遇到了这样的难题——

现场的窗户上有如图所示的两个弹孔，但是调查的结果是，所有人都说只听到了一声枪声。

请问这种情况可能吗？

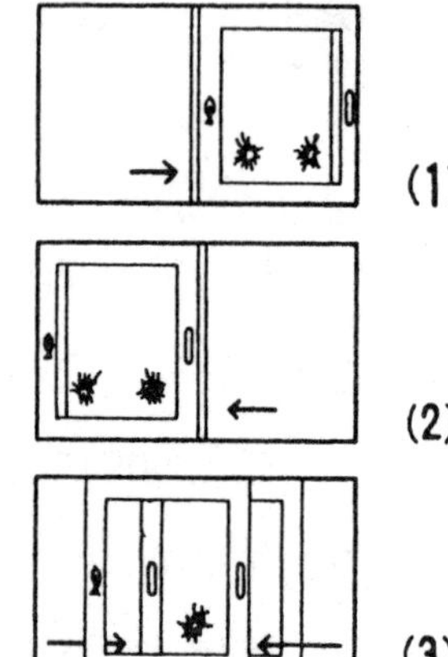

可能。一颗子弹同时击穿两块玻璃，如右图所示，窗户的状态有以下几种可能性。

如果两扇窗户中只打开一侧，会有如图（1）和图（2）两种情况。但是，两扇窗户各移动半边的时候，就会出现如图（3）所示的可能性。事件发生时，窗户可能是如图（3）那样开着的。

▶ 回答错误者→作业

想在黑暗中把窗户打开，奇怪的是，手伸向窗户的一边，没有摸到把手，伸到另一边，也没有摸到。而窗户确确实实是关着的，请问这是为什么？

▶ 回答正确者→预习

下一站：伦敦。在伦敦的第二天，伦敦警察厅的 R 警官为我们担任向导，他的话总是那么有意思。

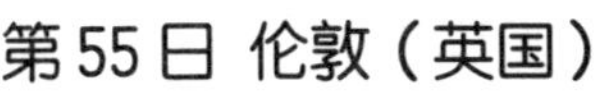

第55日 伦敦（英国）

热衷于推理小说的R警官，给我们出了这么一道题。

“发生了一起杀人案，X作为嫌疑人被逮捕了。杀手所使用的枪支是他的，上面也只提取到了他的指纹；在杀人案发生的时间段，他没有充分的不在场证明；他还有充足的杀人动机。可是，他的友人——负责调查这起案件的Y侦探却坚信X不是杀人犯。请问这是为什么？”

因为 Y 侦探自己是凶手。

▸ 回答错误者→作业

R 警官的下一个问题：为了证明上帝不是全能的，请举出一例上帝绝对做不到的事情。

▸ 回答正确者→预习

下一站：在伦敦的第三天。英国被称作绅士的国度，要想在社交界占有一席之地，爱好是一大“武器”。马球、扑克、赛马，以及豢养名犬，都是上流社会妇女所热衷的。

第 56 日 伦敦（英国）

问题

住在伦敦的 A 夫妇特地从美国带回了一条柯利牧羊犬，这条犬的父母可是在世界名犬比赛中得过奖的。为了把这条犬训练成世界第一的名犬，A 夫人把它送到了调教动物最有名的德国哈根贝克动物园。一年后，调教期结束，小狗回到了主人身边，可是居然连最简单的“坐下”“先不要吃”这样的命令都理解不了。驯犬师的信里明明写着，如果是主人下命令的话，执行这种程度的命令是完全没有问题的。到底问题出在哪里呢？A 夫人陷入了沉思。

这条狗接受的是德语的调教，所以它无法理解A 夫人的语言（英语）。

▸ 回答错误者→作业

只要屋外有人走过，这条狗就会吠叫两分钟。某一天，总共有五个人从屋外走过，可它只叫了四分钟，这是为什么？

▸ 回答正确者→预习

下一站：伦敦。在伦敦的第四天要去特拉法尔加广场和白金汉宫参观。白金汉宫是一幢四层的建筑，宏伟壮观，门口总是有卫兵站岗。

第57日 伦敦（英国）

白金汉宫的门前有两名卫兵，长官命令他们各自负责道路一侧的警戒。一个人面向东，一个人面向西，必须站得纹丝不动。我偶然听到两个人的交谈。

A：“好冷啊。”

B：“是呀！”

A：“你胸前那颗扣子掉了呢。”

B：（用手摸了摸胸口）“啊，真的！”

请问，A 为什么能看到对方的胸口呢？

这两个人是面对面站立的。长官在下命令的时候，只说了两个人各自负责道路的一侧，却没有说必须背对背站立。

▸ 回答错误者→作业

还是这两名卫兵，在一条路上背对背站着。道路的一侧有一只燕子飞过。A 说：“啊，燕子！”B 说：“真的呢！”为什么 B 也能看到燕子？

▸ 回答正确者→预习

下一站：伦敦。这是在伦敦的最后一天了。离开伦敦后，我就将告别欧洲前往美国。我从伦敦西面的希思罗机场登上了飞机。

第 58 日 伦敦（英国）

这架飞机通道的左右两侧各三个座位。空姐 A 和 B 各自负责为其中一侧的客人分发机上用品。空姐 A 在为右侧的 6 名乘客分发了用品之后，B 走了过来，发现 A 应该负责左侧的乘客。于是 A 移到左侧重新开始，而 B 接着 A 没有服务到的乘客继续分发。B 的工作结束后，看到 A 还没有结束，所以又帮她为 15 名乘客分发了用品，两人的工作才全部结束。请问，两个人中谁的工作量大？那个人多为几名乘客分发了用品？

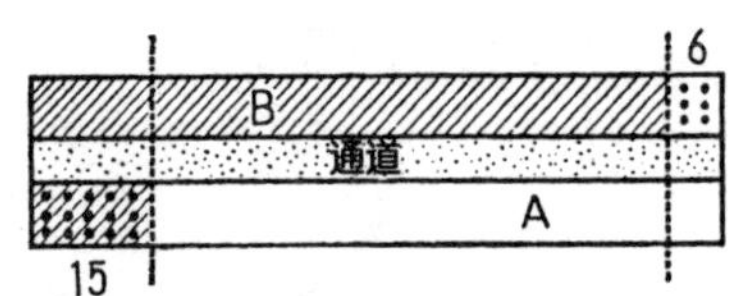

空姐 B 多分发了 18 名乘客的用品。因为不知道飞机上一共有多少座位，所以会觉得这道题很难。但是如上图所示，考虑起来就会简单许多。图中，斜线覆盖部分是 B 负责的乘客，空白部分是 A 负责的乘客。被两条虚线夹在中间的部分，是两个人相同的工作量。所以，只需要比较两端的工作量就可以。空姐 A 负责了 12 个人，空姐 B 负责了 30 个人，答案就出来了。

▸ 回答错误者→作业

如果座位的总数不超过 42 个，即左边和右边的座位数都在 21 个以下，这种情况下怎么考虑比较好?

▸ 回答正确者→预习

下一站：纽约。纽约是美国第一大都市，也是经济、文化的中心。以帝国大厦为首，这里高楼大厦林立。

伦敦的休息日

伦敦的休息日
一百日元

苏格兰的休息日

苏格兰的休息日

第59日 纽约（美国）

曼哈顿地区高楼林立，楼和楼之间的距离有时甚至连一米都不到。偷盗银行金库的惯犯 W，当时正在其中一栋楼的八楼“上班”，突然被大批警察包围。情急之中，他冷不丁打开窗，飞身跃向相距不到一米的邻近大楼。谁承想，他竟然摔死了！他是个飞檐走壁的老手，应该不会在这上面失手。对他的尸体检查后，也没有发现任何被子弹击中的痕迹。这到底是怎么回事呢？

答案

隔壁那栋楼确实和他所在的这栋楼只有一米的间距，可是高度却完全不一样，可能只有两三层高。也就是说，他是摔死在隔壁那栋楼的楼顶上的。他想当然地认为，在这高楼林立的地方，隔壁的那栋也应该至少是八层以上的楼。

▸ 回答错误者→作业

听到这个事情的朋友Z患上了恐高症，就连站在50厘米高的箱子上按墙上的按钮都要吓得瑟瑟发抖，那么他应该怎么按按钮？

▸ 回答正确者→预习

下一站：纽约。纽约是世界的商业中心，大公司的合并或倒闭在那里屡见不鲜。观察下页的图，回答问题。

第60日 纽约（美国）

“ABC 工业”和“US 化学”两家公司要合并，公司名变更为“ABC 化学”，必须辞退一位总经理，那么谁是新公司的总经理？

将图片沿着大钟和烟蒂、飞鸟和树叶的两条连线，如图所示折起。就能看到新公司的名字是“ABC 化学”，新的总经理是原“US 化学”的总经理。而“ABC 工业”的总经理被辞退后，转到了废品回收业。

▸ **回答错误者→作业**

这道题中，原图与折叠后的图，数量减半的有两处，请问是哪两处？

▸ **回答正确者→预习**

下一站，芝加哥。以阿尔 · 卡彭①和肉食处理厂出名的城市，现在已经成为美国大都市，现代化成果显著。肉食处理场被废止，变身成了皮革制品的名产地。

① 阿尔·卡彭，美国暴力集团头领。禁酒法时代在芝加哥从事地下活动，以私售酒类获取暴利。

第61日 芝加哥（美国）

在以皮革制品出名的芝加哥，有一家鞋店的老板非常喜欢智力游戏。他将同一款式的三双鞋拆散，分别放进三个盒子，盒子上标注着“左左”“右右”“右左”的字样，但是三个盒子的标签和盒子里实际装着的鞋子，没有一个是一致的。

只能打开一个盒子（任意一个都可以），取出其中一只鞋分辨左右，怎么能猜中三个箱子中分别装的到底是哪两只鞋？

打开写着“右左”的盒子，取出一只即可。盒子上的标签与盒子中实际的鞋子不吻合，所以这个箱子里，要么是“右右”，要么是“左左”。因此，如果取出来的那只鞋是右边的，则这个盒子里装的是“右右”，如果取出来的是左边的，则装着“左左”。如果这个盒子里是“右右”，那“左左”在哪个盒子里呢？剩下的两个盒子标注着“右右”和“左左”，由于标签和盒子里装着东西不一致，所以标注着“左左”的盒子里一定装的是“右右”，剩下的那一个里面就是“右左”。如果第一个打开的盒子是“左左”，按照同样的方法，也能知道三个盒子里分别装着什么样的鞋子。

▸ 回答错误者→作业

还是这道题，有没有可能三个盒子中只有一个盒子中装的东西与标签不一致？

▸ 回答正确者→预习

下一站：印第安纳波利斯。印第安纳波利斯 500 英里大奖赛聚集了诸多汽车爱好者，赛程比从东京到冈山稍远一些，大约用三个小时能完成全程。我们一边看比赛，一边思考吧！

第62日 印第安纳波利斯（美国） 问题

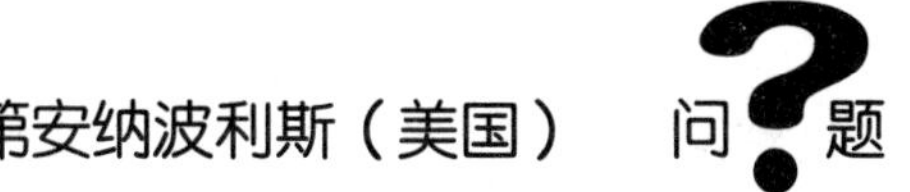

印第安纳波利斯因500英里[①]大奖赛而闻名。赛车时，汽车按规定路线行驶，因此在赛道内侧的车轮与在赛道外侧的车轮行驶的距离是不一样的。如图，直径为50米的圆形赛道上，如果内侧和外侧车轮之间的宽度是2米的话，行驶一周，外侧比内侧多行驶约12.5米的距离。

如果赛道的直径是500米的话，行驶一周，外侧要比内侧多行驶多少距离？

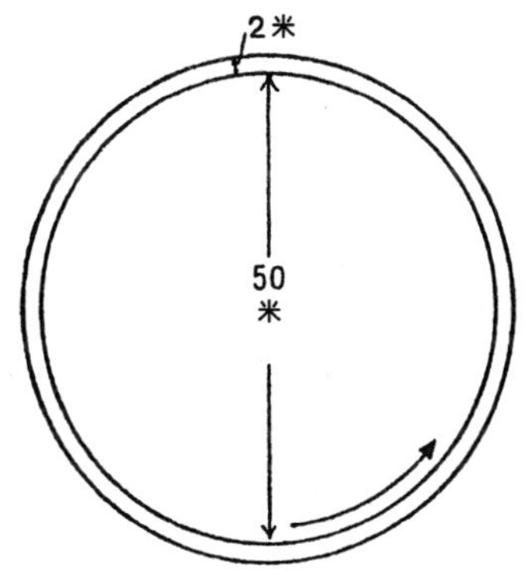

① 1英里约合1.609公里。

也是约 12.5 米。因为外侧车轮和内侧车轮的宽度为 2 米，无论赛道的直径是多少，它们行驶的距离差都是外侧圆直径和内侧圆直径之差乘以圆周率。即“4× л （3.14） =12.56”，这个数值与圆的周长无关。

▸ 回答错误者→作业

一辆车绕着赤道行驶一周，如果它的外轮和内轮的距离也是 2 米的话，两者行驶的距离相差多少?

▸ 回答正确者→预习

下一站：明尼阿波利斯。美丽的明尼阿波利斯所在的明尼苏达州，是个以畜牧业为主的地方。许多农产品和畜产品从这里输送到芝加哥及东部的一些大城市，那里的鸡蛋也很出名。

第63日 明尼阿波利斯（美国） 问题

有一首很有名的歌，叫《明尼苏达卖蛋歌》。有一家卖鸡蛋的小店，在空空如也的房间的地板上放置了四个鸡蛋。这时，有人拿进一个巨大的铁制滚筒，让它在房间里四处滚动。可是，鸡蛋一个都没有被压碎，请问这是为什么？

四个鸡蛋被分别被放置在房间的四个角落。如图所示，大型的铁制滚筒与墙角正好有空隙，所以四个鸡蛋完好无损。

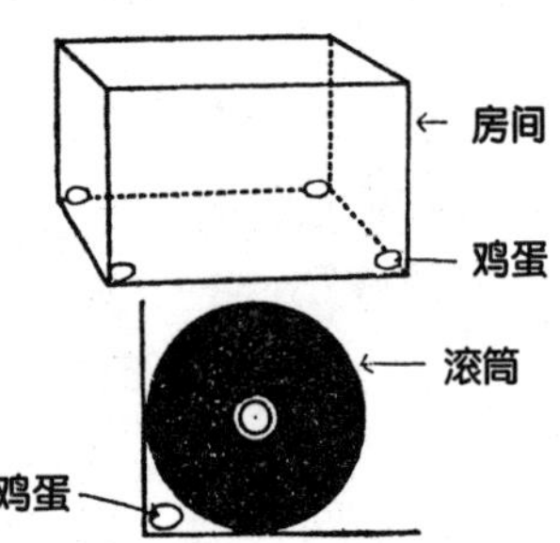

▸ 回答错误者→作业

如果在房间里滚动的不是铁筒，而是像铅球那样的大型的铁制球体，答案会是什么？

▸ 回答正确者→预习

下一站：丹佛。附近有金、银、锌等矿山，从西部开拓时代开始，这里就被称为“草原上的女王城”，多部西部电影都以此地为背景拍摄。

第64日 丹佛（美国）

某一天，发生了一场枪击案，一人死亡。两名听到枪声的男子作为证人被传唤。这两个男子都是老实人，不会说谎，但证词不一致，这让调查官很困惑。

一个人说他只听到了一声枪响，而另一个人却说他听到了两声。如果不是山间的回音的话，这又是为什么呢？

即使有两个人同时开枪，严格地说，如果听到枪声的人与两者的距离不完全相同，那他不应该只听到一声枪响。相反，即使两个人开枪有先后，但声音有可能同时传播到某一个地点。因此，这个问题中两个证人的说法不同，也不是不可能。

▸ 回答错误者→作业

一列火车在通过车站时，会从距离车站 300 米的地方开始持续鸣笛，直到到达车站，鸣笛 10 秒钟。可是，这个车站的站长在火车到来前，无论如何只能听到 9 秒的鸣笛声，请问这是为什么？

▸ 回答正确者→预习

下一站：盐湖城。西部剧常以此地为背景，上演了一部部奇妙的决斗故事。

第 65 日 盐湖城（美国）

A、B 两人决定进行一场新颖的决斗。如图所示，两人自己的杯子放置在 A、B 处。仆人手上有一个盛有毒药的杯子，将放在 C 或者 D 的位置。盛有毒药的杯子只能与相邻的杯子交换位置，左右都可以。当交换到第 55 次的时候，无论毒药在谁面前，那个人都必须喝下去。

如果你是那个仆人，偷偷地想让 A 胜，那么这个盛有毒药的杯子应该放在 C 还是 D 的位置呢？

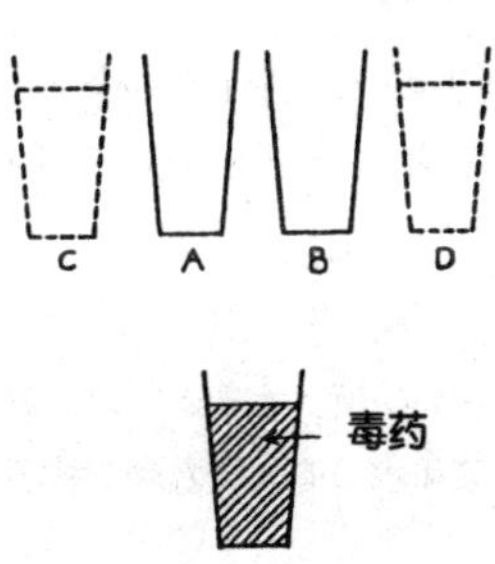

应该放在D的位置。胜负以第55次交换后的位置，也就是奇数回的位置来决定。盛有毒药的杯子，不管在C或D的哪个位置，交换奇数回后，一定是在三个杯子的中间。因此想要A胜，就要让B在中间。

▸回答错误者→作业

还是这个问题，如果胜负以交换50回等偶数回的位置来决定，盛有毒药的杯子应该放在哪个位置？

▸回答正确者→预习

下一站：萨利纳斯。大文豪斯坦贝克非常喜爱的萨利纳斯有栽培蔬菜和水果的大量农场。接下来的问题，就和农场主有关。

第66日 萨利纳斯（美国）

农场主F家盛产番茄汁。他淘气的大儿子汤姆有一天把恶作剧的对象瞄准了弟弟约翰，趁约翰站在窗下的时候，汤姆将一听番茄汁浇了下去。汤姆瞄准了弟弟的脑袋，番茄汁如同一条直线，直直地落向弟弟的头。F慌忙趴到窗口看，却发现约翰的头上和身上连一滴番茄汁都没有，地上也完全找不到番茄汁滴落的痕迹，这可能吗？

可能。约翰头向上，张开嘴，浇下的番茄汁都被他喝掉啦！

▶ 回答错误者→作业

一个男子从大楼的窗口探出头来，另一个人从他楼上同样位置的窗口也探出头。一人头向上张开嘴，另一人将一瓶番茄汁直直地倒下去。可是，张开嘴的那个男子连一滴都没喝到，请问为什么？

▶ 回答正确者→预习

下一站：洛杉矶。这是一座以电影产业的繁荣而出名的大都市，其飞机制造业和精油生产业也是全美第一，特别是大型航空公司的工厂几乎都聚集于此。

第67日 洛杉矶（美国）

问  题

由于担心关键信息被产业间谍窃取，新产品在试运行时需要做些伪装，这在日本汽车业界不是什么秘密。洛杉矶郊外有一座飞机工厂，前来视察的买主想一睹已经完成的飞机，但是前往飞机库的途中还停放有很多绝密的尚未研制完成的试制机。在这些试制机周围围上帐篷，或是将试制机用布盖起来等方案曾经被提出过，但无一不耗时费力且需要花费大量的金钱。就在大家一筹莫展时，该买主提出了一个最不需要花费金钱和力气的办法。请问这个办法是什么？当然，飞机的位置没有被移动，视察的路线也没有被改变。

将买主的眼睛蒙上通过该区域，是最省钱省力的办法了。

▶ 回答错误者→作业

有人从某国订制了一架飞机，本来决定用船运回来。可是，船在港口发生了事故，坏了，并且无法在交货期之前修好，有没有其他可以运输这架飞机的办法？

▶ 回答正确者→预习

下一站：帕洛马山。位于洛杉矶以南大约一百千米处。山顶的天文台上有一架世界上最大的反射望远镜。

第 68 日 帕洛马山（美国）

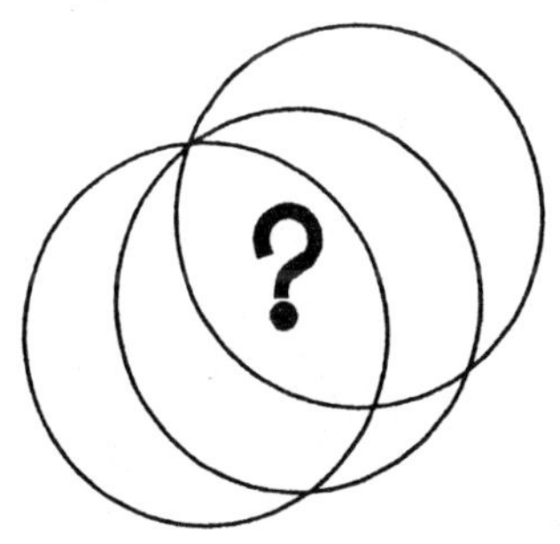

去帕洛马天文台参观的时候，能看到很多如行星轨道运行表一样的图形。左图截取了其中一部分。那么，左图中一共有多少个正圆？

11 个。首先，这 3 个图形中最上面的图形中有 3 个正圆；中间的图形中有 3 个同心圆；最下面的图形中，最大和最小的 2 个是正圆。然后，每张图中问号最下面的“点”是正圆，这样就有 11 个了。

▸ 回答错误者→作业

这一页中有几个四边形？如果印刷的四边形不计数的话，是不是一个都没有？

▸ 回答正确者→预习

下一站：好莱坞。洛杉矶郊外的电影之都，是全世界影迷憧憬之地。可是，在看似繁华的电影界，丑闻和离婚事件不断。

第69日 好莱坞（美国）

美国娱乐圈的离婚率之高，堪称世界之首。某一天，一个妇人来到律师处咨询。

“我们夫妇对种种事情的意见都是不一致的，全年吵架不断。我想离婚，你觉得可能吗?”她说。

律师想了想说：“那好像不太可能。”请问律师这么说的根据在哪儿?

这对夫妇对种种事情的意见都是不一致的。也就是说，如果妻子想离婚，那丈夫就会说不想离，反之，如果丈夫想离婚，妻子就会说不想离。无论哪一种情况，要让两个人都同意离婚是件很难的事情。

▶ 回答错误者→作业

这一对对种种事情的意见都不一致的夫妇，有没有能让两个人达成一致意见的事情呢？

▶ 回答正确者→预习

下一站：亚利桑那。亚利桑那和科罗拉多两个州从很久以前就是印第安人较集中的地区。听说美洲的印第安人喜爱烟草的历史极为悠久。

第70日 亚利桑那（美国）

问题

在印第安人保护区里住着一位名为卡玛宏克的酋长。他痴迷于烟草，整天烟不离口。

有一天，他受邀参观位于加利福尼亚的炼油厂。宽广的厂区中，四处贴着“禁烟（No smoking）”的标识。但是他在整个参观的过程中，烟没有离开过嘴，而负责带领他们参观的人，既没有提醒他，也没有惩罚他。在严禁烟火的炼油厂中，这可能吗？

可能。因为卡玛宏克不离口的是口嚼烟。除了一般的卷烟外，还有烟斗、鼻烟、口嚼烟等，鼻烟和口嚼烟之类的烟草制品是不用点火的。

▸ 回答错误者→作业

还是卡玛宏克的故事。他平时一天能吃五十个鸡蛋。那么，在他完全空腹的时候，他的空空如也的胃里能装几个鸡蛋?

▸ 回答正确者→预习

下一站：墨西哥城。太阳与仙人掌的王国——墨西哥，国土的大部分是高原和山地，迄今为止，马和骆驼还是主要的交通工具。

巴黎的休息日

纽约的休息日

美国的休息日

夏威夷的休息日

第71日 墨西哥城（墨西哥） 问题

P村中有四匹马（A、B、C、D），要将这些马赶到Q村去。从P村到Q村，A需要1个小时，B需要2个小时，C需要4个小时，D需要5个小时。一次赶2匹马过去，然后骑1匹马回来。赶2匹马所需要的时间，以速度慢的那匹马为准。

一个男子用了12个小时完成了这项工作，这4匹马是以什么样的顺序赶到Q村的呢？

以如下的顺序移动。

(1) 将 A 和 B 赶到 Q 村（2 个小时）

(2) 骑着 A，回到 P 村（1 个小时）

(3) 将 C 和 D 赶到 Q 村（5 个小时）

(4) 骑着 B，回到 P 村（2 个小时）

(5) 将 A 和 B 赶到 Q 村（2 个小时）

(2) 和 (4) 的顺序可以互换。

▸ 回答错误者→作业

同样的条件下，现在有 7 匹马，它们在两地间的移动时间分别为 1 个小时、2 个小时、3 个小时、4 个小时、5 个小时、6 个小时和 7 个小时。同样的工作由两个人来完成，最少需要几个小时?

▸ 回答正确者→预习

下一站：利马。利马是秘鲁的首都，位于安第斯山脉中。原来居住在安第斯山脉中的印加帝国原住民形成了这里独特的文化和宗教。

第72日 利马（秘鲁）

这是一个很灵验的神殿里发生的故事。

据说这个神殿里的神不喜欢投入的香火钱反面朝上。因此神殿的工作人员想了一个办法：投入的硬币，如果是正面朝上的话，可以继续往里投，如果是反面朝上的话，就不能再继续往里投钱了。这样一来，香火箱里正面朝上的硬币应该比反面朝上的多，而且正面朝上的应该会越来越多。

听起来像是个好主意。但是，结果让人很意外。正面朝上的和反面朝上的概率依然是一半一半。这是为什么呢？

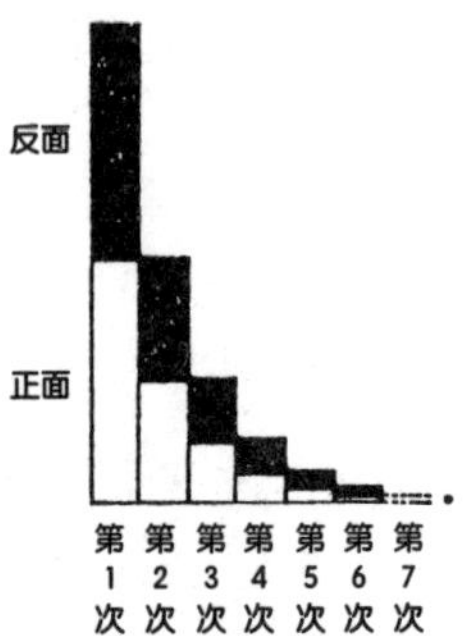

每一次投入的硬币，正面朝上的概率和反面朝上的概率几乎是一样的，即各占50%。如左图所示，每一次都只有一半的人投入的钱正面朝上，从而能够获得下一次投币的机会。图中黑色的部分表示反面朝上的硬币，白色的部分表示正面朝上的硬币。可见投出的香火钱的总量中，白色部分的总量占比不会发生变化。

▸ 回答错误者→作业

我的手掌中现在有三枚硬币，那么有几个正面，有几个反面？

▸ 回答正确者→预习

下一站：马瑙斯。这是沿亚马孙河口逆流而上约两千千米处的一座城市，以前是天然橡胶的集散地，现在因其富有的石油及矿物资源而出名。

第73日 马瑙斯（巴西）

有一位从事与动物相关职业的研究人员，来购买栖息在亚马孙丛林里的小鳄鱼。每一条3美元60美分，加上36美分的手续费，共计3美元96美分。卖主是亚马孙的原住民，没有美金可以找零。现在，这个人只有10美元和1美元的纸币，考虑到没有找零，他最少得买25条小鳄鱼。那么，如果他只有10美元的纸币和1美分的硬币，最少必须买几条小鳄鱼？

1条。他只要给卖主396个1美分的硬币即可。

▸回答错误者→作业

有大小不同的七株仙人掌依次排列。有一个来练习射击的男子，打完枪后，发现有四株的顶部、三株的根部被射穿。请问他最少发射了几枪？

▸回答正确者→预习

下一站：里约热内卢。世界三大天然良港之一，这里每年举行的狂欢节吸引了大批游客，人们随着桑巴的欢快节奏热舞。

第74日 里约热内卢（巴西）

在里约热内卢的狂欢节上，我乘兴去看了一场摩托车的杂技表演。在一个用坚固的钢管焊接而成的球形铁笼的内侧，摩托车手骑着摩托车在球体内转圈。已知铁笼内侧的最大圆周是 20 米，摩托车的车轮的圆周是 2 米。摩托车沿着铁笼内侧最大圆周行驶一周的话，观众能看到摩托车的一个轮胎转动几圈？

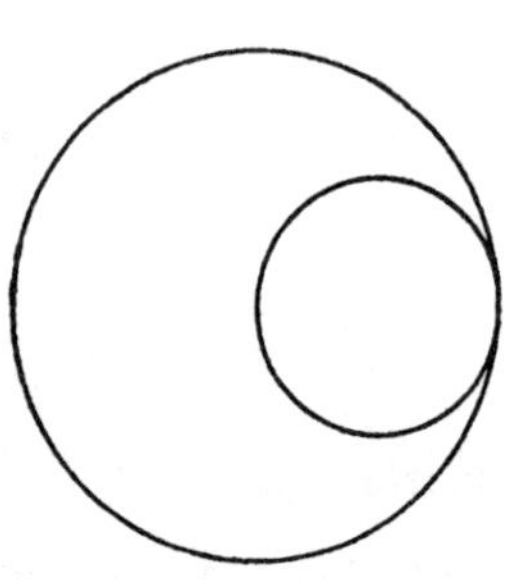

转动9圈。20米除以2米，很容易觉得应该是转动10圈，其实不是。比如，如图所示，以两倍的圆周来思考，就很容易明白：沿内侧转动时，内圈转动的次数总是比两个圆周相除的结果少一圈。

▸回答错误者→作业

铁笼A和铁笼B大小相同。铁笼B围绕铁笼A转一圈时，它自转了几圈？这是沿外侧转动的问题，请与之前所述沿内侧转动的情况相比较。

▸回答正确者→预习

下一站：科帕卡巴纳。科帕卡巴纳位于里约热内卢的郊外，是世界著名的海滨浴场。那儿到处都是朝气蓬勃的年轻人以及肤色为小麦色的美女。南美的女性以美貌和健硕著称。

第75日 科帕卡巴纳（巴西）

以身材健硕著称的南美女性，体重在八十千克以上也不是什么稀奇事。新婚的M夫人就是这样一个人。她每天看着体重秤上飙升的刻度，恨得咬牙切齿。然而有一天，突然发生了奇怪的变化，之前再怎么节食，连一千克都瘦不下来的她，就在那一天，体重突然减轻了至少四千克。请问这是为什么？

因为那一天，她生下了一个大胖小子。大胖小子看来个头儿也不小，至少有四千克呢！所以她的体重恰巧减轻了这些。

▸ 回答错误者→作业

一位夫人的三围分别是：胸围 90 厘米，腰围 60 厘米，臀围 90 厘米。想来夫人看上去身材很好，可是事实与想象的完全不同。请问这是为什么？

▸ 回答正确者→预习

下一站：布宜诺斯艾利斯。位于拉普拉塔河口的南美第一大都市，有着世界三大公园之一之称的巴勒莫公园。明天，我打算去那儿参观。

第 76 日 布宜诺斯艾利斯（阿根廷）

巴勒莫公园里有一块为观光客竖立的指示牌，指示着世界主要城市的方向，这样能让旅行者知道自己国家的位置在哪里。但是，我找了半天也没找到“TOKYO（东京）”的指示箭头，于是我向公园的管理者表达了不满。管理者笑着指了指指示牌。请问他解决了我的疑问了吗？

东京和布宜诺斯艾利斯恰好位于地球正相反的两端。管理者指了指指示牌的柱子，说出了方向。如图所示，用一种幽默的方式解决了我的疑问。

▸ **回答错误者→作业**

还是这块指示牌，如图所示，如果要在顶端加一块指示的文字板，你觉得应该写什么？

▸ **回答正确者→预习**

下一站：潘帕斯平原。这是位于阿根廷中部的绵延五千千米以上的大平原，是阿根廷农业和畜牧业主要产区。我们试着开车穿越大平原。

第77日 潘帕斯平原（阿根廷）

潘帕斯大平原上只有一条狭窄的车道，仅能容许一辆车通行。我们的车后紧跟着一辆老爷车。在连一个住户都没有大平原上，就这么跟在我们车后，多憋屈呀！我正这么想着，猛一抬头，发现那辆车竟然在我们前面。车道这么狭窄，它不可能超车，并且除了这一条车道以外，其他地方都是荒地，不可能通行，它是怎么到我们前面去的呢？

答案

虽说只有一条车道，可是如图所示，整条道路是一个闭合的圆形。我们的车开了一圈以后就在那辆老爷车后面了。

▸ 回答错误者→作业

笔直的高速公路上，有一辆红色的跑车紧跟着我们的车。为了甩开它，我加速往前开，却突然发现红色的跑车出现在我的前方。可是它明明没有超车啊！请问这种情况可能吗？

▸ 回答正确者→预习

下一站：巴塔哥尼亚。居住在潘帕斯大平原南面的巴塔哥尼亚人，可以说是世界上身材最高的一群人。从布宜诺斯艾利斯驱车两日，可到达巴塔哥尼亚。

第78日 巴塔哥尼亚（阿根廷）

问题

在巴塔哥尼亚参观的时候，我听说了这么一件事。

有一天，部落中的“神箭手”瞄准百米开外一个身高两米的男子，射出了手中的箭。箭头不偏不倚，离地一米，笔直地向男子所在的地方射去。但奇怪的是，男子没有倒下，安然无恙。神箭手的箭足足飞出了二百多米远，而那个男子既没有躲避，也没有遮挡。请问这种事情可能吗？

可能。因为那个男子匍匐在一百米开外的草丛中。身高两米的巴塔哥尼亚人，趴下时不过二三十厘米高，箭头射不到他也很正常。

▸回答错误者→作业

又有一次，弓箭同样在离地一米的地方射出，一个巴塔哥尼亚人也是躺着，可这次却被射中了，请问为什么？

▸回答正确者→预习

下一站：怀基基海滩。从巴塔哥尼亚到布宜诺斯艾利斯，再经过洛杉矶，坐飞机来到了夏威夷。二十多个小时空中飞行的疲倦，在一见到怀基基海滩上的草裙舞表演后，立刻烟消云散了。

第79日 怀基基海滩（美国） 问题

我想好好享受一下夏威夷之夜，便来到海滩最尽头的一家餐厅吃饭。突然，窗帘上映出一个黑影，形似巨大的章鱼，着实把我吓了一跳。这是什么呀？

如图。院子里有四个姑娘，正跳草裙舞跳得兴起呢！

▸ 回答错误者→作业

窗帘外有人走过。明明听到两个人说话的声音，可只有一个人的影子投射在窗帘上，这是为什么呢？

▸ 回答正确者→预习

下一站：火奴鲁鲁。终于到了告别夏威夷的时候，即将踏上返回日本的归途了。在火奴鲁鲁的机场，我登上了喷气式飞机。

第80日 火奴鲁鲁（美国）

八十日环游世界的旅行终于要结束了。从火奴鲁鲁到羽田机场需要六个半小时的空中飞行。上午十点起飞，傍晚降落在羽田机场。第一天从羽田出发的时候是七月一日，现在回到羽田，是几月几日呢？

九月十九日。也就是第八十一天。七月一日出发，经过八十天的旅行，回国时不应该是九月十八日吗？九月十八日从夏威夷出发，因为穿过了国际日期变更线，所以是九月十九日。因此，其实是在第八十一天回到了羽田机场。

▶回答错误者→作业

有一个人，星期一从羽田机场出发，用 80 个小时环绕世界一周。他向东（首先去往美国的方向）开始环绕世界一周后回到羽田，回来时是星期几？

▶回答正确者→没有预习了

辛苦了！好好休息一下吧！

作业的答案

第 1 日：可以考虑气球型，纸糊型等。能不能实现并不重要，需要的是自由发挥想象力。

第 2 日：20 个。注意“90”以后的数字中出现了 10 个“9”。

第 3 日：四个点中的三个点可形成一个平面。经过这个平面距剩下那一点的中间点，可形成一个与之前那个平面平行的平面，即为问题中的平面。

第 4 日：很久以前就流传下来的“蛇、蛙、鼻涕虫”“猎人、子弹、狐狸”，等等。

第 5 日：他长大了。成为大人后，达成了夙愿。

第 6 日：将其他圆环全部串在一个环（A）上。这样，将这个环（A）剪断，其他所有圆环就都散开了。

第 7 日：仅以本题中所列出的条件，无法判断谁会早一些完成工作。

第 8 日：空气可理解为水。也就是说，风相当于海水的运动。雨、河、湖这些当然不会存在。至于溜冰，海面结冰后水还会在下面流动，说不定可能存在新的运动方式。

第 9 日：把纸卷在茶杯等筒形物体的外面，然后用圆规画圆即可。

第 10 日：把纸对折，将折痕处顺着毛笔笔尖下划，将纸展开即可。

第 11 日：如果这个结论准的话，就意味着“占卜结果不准”，如果不准的话，结果就应该是“占卜结果准”，无论如何都是矛盾的。

第 12 日：从外部往里数，数到偶数列的时候会遇到 A，因此 A 在圆的外部。

第 13 日：一天晚 24 小时的表，是完全停顿的表。一天晚 30 个小时的表，是每一天倒走 6 小时的表。

第 14 日：比如，教室里的点名。被点到名字的人没有反应，就是宣告“不在”。

第 15 日：如果真是疑心很重的人，对于“我要骗骗你”这句话本身就不应该相信。

第 16 日：当时，地球上只有夏娃一个女人。所以，该隐娶妻是件很奇怪的事。

第 17 日：将窗户四边的中心依次连接，正中便形成了一个新的正方形，且面积为原来的一半。

第 18 日：一＋○＝ ⊖ 。在音乐五线谱中的下加一线全音符“DO”音。

第 19 日：那根柱子是笔直的，太阳正好位于柱子的正上方。

第 20 日：两张图都从图的正下方看。

第 21 日：有上坡就有下坡，因此上坡数和下坡数一样多。

第 22 日：将第 49 页图中一侧的绳子穿过救生圈中间的绳子处绑住，这样即使绳子合到一处也不会掉落了。

第 23 日：看塔的底部，根据塔底的石头是高出地面还是低于地面，大致能判断出塔是向自己这一方倾斜，还是向反方向倾斜。

第 24 日：借两个气球，三兄弟分别取走六个、三个、一个，剩下的两个归还。

第 25 日：把已经过去的那个月的部分剪去，露出来的就是下个月的日历了。

第 26 日：下行列车以不超过上行列车全长的间隔行驶即可。

第 27 日：仅从这张图上看，如果不把宝箱扔掉，是不可能从那么狭小的出口或迷宫中通过的。

第 28 日：比如，高速旋转的陀螺看上去却像静止的一样。

第 29 日：他连哪国语言都不知道，当然无法理解信里的内容。

第 30 日：他只要背对行进方向坐就可以。

第 31 日：还是第 72 页的图，“12”和“11”被拆分成“1”和“2”、“1”和“1”，这 4 块残片加上“6”和“1”，正好是“12”。另外，“10”和“2”，“9”和“3”，“8”和“4”，“7”和“5”，加起来正好是 5 组。

第 32 日： 43 岁。如果第一年岁数的差距是 2 倍，第二年是 1.5 倍，那么两个人只可能差一岁。也就是说，2 岁和 1 岁的转年是 3 岁和 2 岁。

第 33 日： 秤杆长的一头向下沉。

第 34 日： 虽说是在同一根轨道上，但两辆车已经交会过了。

第 35 日： 4 比 9。

第 36 日： 16 比 25。

第 37 日： 一直待在地球上黑夜的那一侧，即采取与地球自转相同的速度逆方向移动。

第 38 日： 如下图（1）所示。

第 39 日： 如下图（2）所示，是一种排列形式。

第 40 日： 菱形、正方形等左右对称的图形皆可。

第 41 日： 因为线条有粗细。如果所有线条都是同样粗细的，箭头就比较容易被发现。

第 42 日： 向后转。当猩猩也转过身去，之后的模仿就做不到了。

第 43 日： 如下图（3）所示，为了让第 1 页在最外侧，首先沿着正中的纵线对折，然后沿着正中的横线对折，最后将这两条线裁开即可。

第 44 日： 因为开过来的其实是只有一盏前灯的汽车。

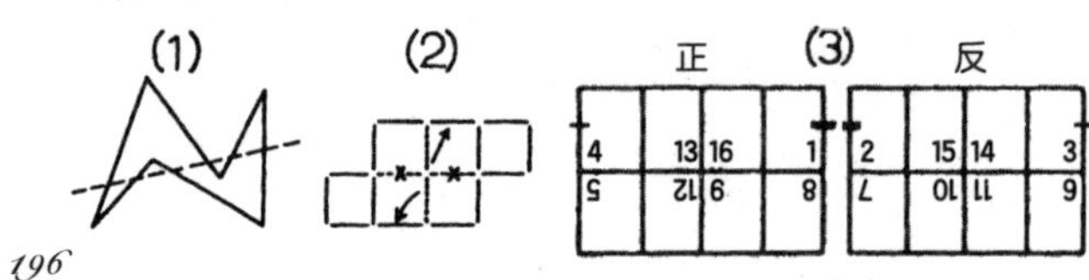

第 45 日：我支付约 10.7 荷兰盾。A 支付约 5.3 荷兰盾。B 支付约 8 荷兰盾。

第 46 日：正三十边形，即接近圆形。

第 47 日：答案无限多，尽可能展开多样性的联想。

第 48 日：其实他站在了一块很小的岩石上，只是岩石隐藏在了他的脚底，看不出来而已。

第 49 日：分别用 4 根火柴搭出两个正方形，将一个正方形的顶点放于另一个正方形的中心，调整位置，两个正方形重叠的部分能形成第三个正方形。此外，把 8 根火柴集中在一起，从只露出火柴棍的一侧看去，就是 8 个正方形。

第 50 日：在公元前，不可能有"公元 20 世纪"这样的说法，所以一定是假的。

第 51 日：比如，虽然不愿意但没办法，于是勉勉强强地、不情愿地表演。

第 52 日：相等。将斜线部分剪开，填入空隙，反复操作即可。(意思是，斜线部分的体积是相同的，无论弯曲角度是多少，将上半部分裁下来填入下半部分，总体积不变)

第 53 日：420 次。和鞠躬不同，握手需要双方都伸出手，整个动作才能完成。

第 54 日：窗户关反了，因此两个把手都在窗户的中间。

第 55 日：比如，上帝能创造出一块他自己举不起来的石头吗？如果他能创造出这样的石头，那他就举不起来，不能说是全能的。如果他创造不出来，那毋庸置疑，他就不能全能的。

第 56 日；这五个人分别是以两人和三人或者一人和四人通过的，因此他们家门口有人通过的次数是两次。

第 57 日：因为这两名卫兵不是背对背站在道路的左右两侧，而是背对背前后站在道路的一侧。

第 58 日：如果座位不到 42 个，A 负责的 6 名乘客和 B 负责的 15 名乘客就会有重叠了。这时需要把重叠的人数同时加给双方，接下来就和 42 座的情况一样，比较加后的两端的工作量。

第 59 日：倒立在箱子上，用脚按按钮。

第 60 日：汽车数和人数。

第 61 日：不可能。因为盒子中的鞋子要和标签不一致的话，至少是两个鞋子互换，所以至少应该有两个以上的箱子和标签是不一致的。

第 62 日：距离一样。因为汽车总不能垂直于赤道上行驶。

第 63 日：鸡蛋不一定在四个角落，只要靠着墙壁或角落，放哪儿都行。

第 64 日：列车最开始的鸣笛声传到车站时，已经过去了 1 秒钟。

第 65 日：C。因为偶数次交换后，盛有毒药的杯子一定在两端。放在 C 的位置上，至少能保证 A 不必输。

第 66 日： 楼上的男人脸朝上，楼下的男人往下倒番茄汁。

第 67 日： 这架飞机自己飞回来就可以。

第 68 日： 有一个。就是本页书页的形状。

第 69 日： 比如，对于“两个人对种种事情的意见都不一致”这一点的看法，就是一致的。

第 70 日： 一个。因为装了一个之后，胃就不是空空如也了。

第 71 日： 12 个小时。回来的时候，两个人可以同时骑在只需要 1 个小时的那匹马上。

第 72 日： 有三枚硬币的话，当然正面有三个，反面也有三个了。

第 73 日： 一枪。仙人掌纵向排成一列。子弹从大株的根部、小株的顶部贯穿而过。

第 74 日： 两圈。沿外侧转动时，自转多一圈。

第 75 日： 因为平时从前面看去是不容易看出纤细的腰身的。

第 76 日： 比如“太阳”。

第 77 日： 不可能。如果要说可能的话，也是和后面那辆车同款的另一辆车。

第 78 日： 因为他躺在一张离地一米的吊床上。

第 79 日： 他们从窗帘的两侧走过。

第 80 日： 单纯考虑从羽田机场出发后的八十个小时就可以。因此，答案是星期四或星期五。